怪談天中殺
占い師の怖い話

幽木武彦

JN053105

竹書房
怪談
文庫

まえがき

ようこそ、占い師の怖い話第二弾へ。

前著『算命学怪談 占い師の怖い話』は、思っていた以上の反響を怪談フリークのみなさんからいただくことができました。

人生はつくづく不思議です。

数年前には、こんな展開は想像もしていませんでした。

算命学は王家秘伝の軍略として、古代中国は戦国時代に誕生したと言われる奇妙な味の運命学。そんな占術には「異常干支」という、霊感があっても不思議ではない人々を炙りだせる特異なフィルターがあります。

私は鑑定のかたわら、そうした干支をお持ちの方にさりげなく水を向けるようになりました。

するとかなりの確率で、やはり霊的に鋭いものをお持ちのみなさんが多いのです。

じゃあもしかして、何か怖い話とか体験していらっしゃったりします？——そんなみなさんに、ただただ純粋な好奇心から話を伺うようになったのが、すべての始まりでした。

算命学はアメージングです。

お客様のお悩みに「命式」（運勢判断などに用いる）の十干十二支や「人体図」（主に性格などを見る）の星々が、一刀両断のごときあざやかさで答えを与えるように立ち会うと、魂の震えるような気持ちに駆られます。

美しさを感じます。アートのようだとすら思います。

でも実はそれ、怪談もまったく同じなのです。

そんな怪談の奇奇怪怪と算命学の奇奇怪怪がシンクロし、思ってもみなかった高みへと突きぬける現場を何度も目撃してきた私は、もはや一種の戦慄ジャンキーなのかも知れません。

お待たせしました。

算命学の占い師が聞いた嘘のような本当の話、再び、開幕です。神秘の森から持ち帰ることのできた恐怖の秘宝、全二十三本をお届けします。

著者

目次

※本書に登場する人物名は、様々な事情を考慮してすべて仮名にしてあります。また、作中に登場する体験者の記憶と体験当時の世相を鑑み、極力当時の様相を再現するよう心がけています。現代においては若干耳慣れない言葉・表記が登場する場合がありますが、これらは差別・侮蔑を意図する考えに基づくものではありません。

倒異の業

算命学に、三業干支《さんごうかんし》と呼ばれるものがある。

業の深い干支。そう言われる。

全部で二十個ある。

先祖の悪行を背負って生を受けたものが、この干支を持つことになると言われている。

倒異《とうい》の業《ごう》は、そんな三業干支の一つ。

癸亥《きすいのい》、癸酉《きすいのとり》のいずれかが命式（生年月日を年干支、月干支、日干支に変換したもの）のどこかにあると、倒異の業になる。

「そういう話をちらっとネットで見て。くわしい話が聞けそうな占い師さんを探していたんです」

私が算命学を使うと知り、そう言ったのは葛原さんという五十代の女性だった。

今から数年前のこと。

当時、私は週に数日、デパートやショッピングモールの特設コーナーで対面鑑定を行っていた。

葛原さんは、ショッピングモールの占いコーナーにやってきた。細身といえば聞こえはいいが、どこかやつれたようにも思える美しいご婦人だった。

鑑定を依頼されたのは、彼女の叔父だという老人についてだ。

この叔父が、倒異の業だった。

日干支に癸酉があった。

当時叔父は、七十五歳。三週間ほど前に、思わぬ事故にあったという。

かつては妻も息子もいたが、現在は一人暮らし。認知症をわずらい、近所を徘徊《はいかい》するようになっていた。

葛原さんは叔父の家の近くで暮らしていた。

彼にふりまわされる、あわただしい日々。立ち寄ったモールで私に気づき、声をかけてきたのである。

私は葛原さんに、倒異の業の説明をした。

三業干支の中でももっとも深い業を持つ、厄介な干支。よそからやってきたものだけを倒すと言われていた。

例えば、妻。あるいは、息子の嫁。

そうした女性たちに不幸をもたらすばかりか、完全に業が消えるまでには、二代、三代と子孫たちにも影響を与える。

「やっぱりそうなんですね……何か、ほんとに叔父そのものって感じ」

説明を聞いた葛原さんは、ため息をついた。

「先生。そういう人がボケたりすると、どんなことが起きますか」

葛原さんは身を乗りだして聞いた。

だがさすがに、そんなことまでは分からない。

恐縮して告げると「ちょっとだけ、しゃべっていいですか」と、葛原さんは奇妙な話を語り始めた。

叔父の名は、和男としておこう。

敬称は略させてもらう。

和男はその昔、ワイヤーカットを事業の大きな柱とする町工場を経営していた。ワイヤーカットとは、金属素材を精密に切断する専門的な技術である。

従業員は、五人ほど。

小さな工場だったが、一時は時代の後押しもあり、かなり裕福な暮らしぶりだったという。

副社長は、息子の隆平。

友恵という清楚な美貌を持つ女性と結婚し、実家からほどない距離に二人の家を建てていた。

友恵は美しいだけでなく、気立てもよかった。

おとなしい人でもあった。義父に対しても常に一所懸命で、工場の仕事も一緒になって手伝った。

「でも、それがいけなかったんです。親戚の恥をさらすようですけど」

葛原さんは言う。

その頃、すでに和男に妻はなかった。女遊びの激しい夫を持てあまし、心を病んで、彼のもとを離れていた。

そんな両親のいさかいを間近で見ていた隆平は、父を毛嫌いしていたが、勤めていた会社でうまくいかず、やむなく後継者として工場で働くようになっていた。

息子が一緒に働いてくれることになり、和男は嬉々としていたという。

隆平は決して社交的な性格ではなかったが、真面目な男だった。工場の仕事をしっかりと学び、後継者としての地歩を少しずつ築いていった。

ところが――。

「息子の嫁に手を出してしまったんです、叔父が。あり得ませんよね」

声をひそめて、葛原さんは言った。

ことが明らかになったときは、すべてが手遅れだった。

友恵が、命を絶った。

妻が遺した衝撃的な手紙で、初めて隆平はすべてを知った。

一悶着起きた。もう少しで、隆平は前科者になってしまうところだったんですと葛原さんは言う。

父親と袂を分かった。

葛原さんらとの親戚づきあいも、それを契機に完全にとだえた。

それが十年前のことだった。

和男が六十五歳。隆平が三十五歳。

非業の死を遂げた友恵は、享年三十三歳だった。

「叔父は古希を境に、社員だった一人を後継者にして引退しました。昔は陽気で精力的な人だったんですけど、息子夫婦を失ってからは、人が変わったようになってしまって。一人で家にこもることが多くなりました」

もともと身勝手で「俺様」的な性格の強い男だった。

六人いる兄妹たち（和男は三番目）もみんな毛嫌いしていたが、ただ一人、和男の妹の一人である葛原さんの母親だけは、そのやさしい性格もあって兄を憎みきれないでいた。

そんな妹や、その娘である葛原さんを、和男はことのほか溺愛した。

葛原さんの母親はすでに鬼籍に入っていた。

だがそうした母の影響もあり、葛原さんは親族全員からそっぽを向かれる和男を、常に気にした。

「いいところも、いっぱいはないかもしれないけど、ちょっとぐらいだったらありますしね。叔母や隆平くん、彼の奥さんのことを思うと複雑なものはありますけど、血、なのかも知れませんね。どうしても気になってしまって」

葛原さんは手土産を持っては和男を訪ね、様子をたしかめるようになった。

そんな和男の行動に異変が目立つようになったのは、ここ一年ほどのことだという。

様子を見に家をおとずれると、中から話し声が聞こえてくる。

珍しいことだった。

誰か来ているのかと思って、庭に面した掃き出し窓から覗く。

すると――。

「一人で何か、盛んにしゃべっているんです。とってもうれしそうに」

葛原さんは眉をひそめた。

部屋の中に、和男以外、人の姿はない。叔父が夢中になって話をする先には、誰もいないのである。

「変だなと思って玄関から訪ねると、叔父はいつになく明るい感じで出てきました。でも、三和土《たたき》にあるのは叔父の履き物ばかり。誰か来ているのと尋ねても、誰もくるわけないだろう、俺なんかのところにと言うのですが、何ていうんでしょう……何だか、うれしそうなんです」

何か変だと思った。葛原さんは、それまでにも増して、和男のもとをおとずれるようになった。

特に異常には見えないこともあった。

だが、あきらかに機嫌のよいことが多い。

そんな、ある日のこと。

身も凍るような、師走の夕暮れだったという。

「いつものように叔父を訪ねました。そして、玄関に出てきた叔父を見て仰天してしまったんです」

ニコニコと応対に出た和男は、全裸だった。股間にバスタオル一枚を巻きつけただけの姿で、照れくさそうに笑っている。

暖房も点けていないのか、戸外に負けないほど寒い。それなのに叔父は――汗すらかいている。

「ドン引きってやつですよね。何をしているのって、思わず聞いてしまって。そうしたら笑いながら言うんです……『俺だって男だからな。いくら姪でも、何でも話せるわけじゃないよ』って」

あきらかに変だった。

薄気味悪く思いながら、葛原さんは和男の家を出た。もやもやしたものをおぼえながら、ふと、背後を見あげた。

二階の窓際に、人影があった。

友恵がいた。

葛原さんは悲鳴をあげそうになった。

友恵はうつろな表情で遠くを見つめている。葛原さんには目を向けることもなく、やがて、窓際を離れた。

「私、もう鳥肌が立ってしまって。見間違えなんかじゃありません。あれは友恵さんです。これはただごとではないって思って」

夫や叔父の兄妹たちに相談をした。

だが予想はしていたものの、和男への拒絶感は、みな一様に強い。

その現実が、和男の人格を物語っていた。

「頼れる人はいませんでした。それから一週間後ぐらいに、また叔父を訪ねました。お正月の挨拶のためでした」

和男を訪ねた葛原さんは、家の敷地に入ろうとした。

すると。

玄関の引き戸が開けはなたれ、中から和男が飛びだしてきた。

「異常でした。パニックになっていました。誰かを必死に探しています。私のことなんか目に入りません。そして、何度も名前を呼ぶんです」

友恵。友恵。

叔父さん、どうしたの。葛原さんは声をかけた。

だがやはり、彼女のことなど眼中にない。

友恵。友恵。

通りに飛びだした。憑かれたような、途方にくれたような顔つきで、息子の嫁の名を呼び続ける。

「その日は、何とか取りなして家に戻しました。それからは毎日のように叔父のもとを訪ねるようになって。でも、これはもう私一人の手には負えないと思って。地域包括支援センターに相談をして、ケアマネージャーの人と一緒に叔父のもとを訪ねました」

それは、正月があけて間もない、厳寒の午後だった。

今にも雪を落としそうなどす黒い雲が、どんよりと空をおおっていた。

だが、和男の家に行くまでもなかった。

叔父の自宅から百メートルほど離れた、大通りの交差点。

ふと見ると、横断歩道の向こうに和男がいる。半袖の下着に、膝の抜けたズボン姿だった。

こちらに向かって何か叫んでいる。

ひっきりなしに行きかう車のせいで、何を言っているのかは聞こえない。

だがその表情は、真剣そのものだ。

「落ちついてって、私も大声で叫びました。ケアマネージャーの女性も一緒になって叫んでくれて。でも」

和男はこちらにわたろうとする。ものすごい速度で車が駆け抜けていくというのに。目にも入っていないかのように。

「私もケアマネージャーさんも、必死になって叫びました。叔父がおかしいことに気づいた人が駆けよってくれて、手を取って話しかけてもくれました。でも、叔父はその手をふりきって――」

道路に飛びだした。

車のクラクションと、葛原さんの悲鳴が響いた。

「叔父は道路にたたきつけられました。私、腰が抜けてしまって。ケアマネージャーさんが、そんな私をあわてて抱きとめてくれました」

和男は、それでもこちらを見ている。片手を伸ばし、声にならない声で何かを言っている。

葛原さんは、ようやく気づいた。

叔父の目は葛原さんたちではなく、別のものを見ている。

和男が見ているほうに、顔を向けた。

友恵がいた。

青白い顔をして、じっと和男を見つめている。

ろれつの回らない声で、和男が叫んだ。何を言っているのか分かったのは、多分自分だけだったろうと、葛原さんは言う。

友恵。友恵。

そう叫んでいた。

友恵が消えた。和男が叫んだ。

和男を轢いてしまった運転手の男が、車から飛びだしてくる。

あたりは騒然とした。和男がぐったりとしたのを、葛原さんは見た。


「幸い、一命はとりとめました。でも、もう施設で暮らすしかないということになって。いろいろと手つづきをしているところなんです」

葛原さんはそう言って、またため息をつきブースをあとにした。

細身の身体が遠ざかっていく。

見送りながら、やせ細るのも無理はないなと、私は思った。

和男と友恵の間に何があったのか、もちろん私には分からない。倒異の業だけでは語りきれない何かがある気もした。
だが真実は、もう闇の奥である。

寺の多い町

占いのお客さんの多くは、女性である。

そして二十代の人のほとんどは、恋にまつわる相談だ。

だがときには――。

「先生、今の私って何なんでしょう。メチャメチャ怖いんですけど」

そんなふうに、パニック気味に問い合わせてくる人もいる。


二〇二一年があけて、間もない頃だった。

Z県某市に暮らす糸山花菜さん。

二十五歳の独身女性。その地に工場を持つ電機メーカーで働きながら、同社の女子寮で暮らしていた。

幸運にも転職を成功させ、その地に越してきたのは半年ほど前だという。

「寮は、高級住宅街として有名な地域の一角にあります。でも何だかここ、不思議な土地なんです。お寺の多さが異常というか。あちこちにお寺がひしめきあっているというか。それに、けっこう方々の街角で、お地蔵様も見かけます」

寺の多いその地は、港町でもあった。港湾へと流れこむ大きな川で、隣町と区切られている。少し行った先には、有名な城跡もあった。

住んでいる地名についても、私は糸山さんから聞いた。ここでその名を記すことはひかえるが、何だか奇妙な地名に思えた。

「変なところだなって思いながら暮らしていました。別に何か、おかしなことが起きるわけではなかったんですけどね」

でも、と糸山さんは言う。

「去年の年末。十二月に入ってからでした。あきらかに、異常な出来事が頻発するようになったんです」

最初の怪異は、会社近くのカフェで起こった。

師走のある日。

糸山さんは仲のいい同僚と、そこで夕飯をすませようとした。

同僚の名は、山辺さんとしておく。

愛くるしい顔立ちをした、なかなかの美人。その日は、山辺さんがつきあっている恋人との痴話喧嘩の話で持ちきりだった。

「聞き役になった私は、食事をしながら相づちを打っていました。浮気をしたらしいんですね、イケメンの彼氏が。ひどいよね、サイテーだね、なんて言いながら食事に目を落として、もう一度顔をあげたんです」

すると、見知らぬ男がそこにいた。

糸山さんは固まった。何だこれはとパニックになる。見たこともない中年男が、イケメンの彼氏の愚痴を、夢中になってしゃべっている。

しかも、何だこの頭は。

糸山さんは目を剥いた。どうして頭が丁髷《ちょんまげ》なのだ。

丁髷姿のその人物は顔だけがおじさんで、首から下は依然として山辺さんだった。

酒でも飲んだように顔が赤い。いや、赤黒い。

目がすわっていた。開いた口からは涎を垂らしている。

声も、山辺さんのものではなかった。甲高くはあるものの、あきらかに男の声だ。

「私、ほんとに何度も目をこすったり、頭をたたいたりしました。何だ何だ何だって思いながら。でも、気持ちの悪い丁髷のおじさんは、やっぱりおじさんのままで。山辺さんにからかわれているんじゃないかって思いましたけど、でも、そうだとしたらトリックが分かりません」

そして。

丁髷男は、突然、糸山さんを見つめた。

ゆっくりと、ゆっくりと、大きく目を開く。

糸山さんはなすすべもなく、そんな男に目をくぎづけにした。

男の口角が吊り上がる。にやりと笑った。

開いた口から、真っ赤な血がゴハッとあふれた。

「悲鳴をあげそうになりました。そうしたら、やっと山辺さんの顔に戻ってくれて」

山辺さんは、あきらかに様子のおかしい糸山さんに気づき「どうかした？」と聞いてきた。

しかし、糸山さんは本当のことが言えない。曖昧にお茶を濁した。今見たことを話しても、笑われるだけではないかと思ったのだ。

やがて。

次の異変が起きた。

カフェでの出来事から数日後のことだった。

寺の多い町を、その日も糸山さんは、会社から寮まで自転車で帰った。

いくつもの寺院。

何躯もの地蔵菩薩。

いつもと変わらない風景の中を通過した。

西の空が、オレンジ色から濃い紫へと、一気に変わる夕まぐれ。

お地蔵様は、いつもと変わらぬ慈悲の表情で、糸山さんを見送った。

深夜。同じ寮の階下で暮らす佐々木さんという女性と、タブレットを使ってビデオ通話をした。

寮の一階にいる佐々木さんもまた、気心の知れた友人だった。

その気になれば、すぐにでも行き来できる距離。

だが、コロナ禍のご時世まったただ中ということもあり、最近はそんな形で長話をすることが増えていた。

いつものように缶チューハイを飲みながらだった。

仕事の話や上司の悪口。共通の、そして内緒の趣味であるボーイズラブ小説の話題に花を咲かせた。

タブレットの中。ほろ酔い気味になった佐々木さんは、今夜も饒舌に、あれやこれやと早口でまくし立てる。

糸山さんはそんな佐々木さんと笑ったり応酬をしたりしながら、ぬるくなった缶チューハイを飲んだ。

ところが。

突然画面がフリーズした。

だが、それ自体はよくあることだ。

「寮のＷｉ‐Ｆｉ、いつも調子が悪いんです。またかと思いながら、何度も画面をタップしました」

すると、ようやく画面が動きだした。

……えっ。

糸山さんは眉をひそめた。何だか映像が白っぽい。

いや、違う。

埃っぽいのだ。

何だこれは。糸山さんは目を凝らした。

一人の男が、畳だか筵《むしろ》だかの上にひざまずかされている。

丁髷だった。

目隠しをされている。着物が乱れ、首の部分が露出していた。

その脇に、刀を振りあげた男が立っていた。

糸山さんは口をおおう。画面の向こうは無音だった。だが刀を振りあげた男が大きな声をあげたのが分かる。

刀を振りおろした。

目隠しをされた男の首が飛んだ。

誰かの悲鳴。

鼓膜をつんざかれるかと思った。その悲鳴が自分のものだと気づきながら、糸山さんは意識を失った。

「ドアをたたく物音で、ようやく目をさましました。誰かがすごい勢いでたたいていました。佐々木さんでした。いきなり私が頭を抱えて絶叫したんだそうです。佐々木さんを見ながら。どうしたのと尋ねたそうなんですが、私は床に、仰向けに倒れこんでしまって」

心配して駆けつけた佐々木さんに、糸山さんは自分が見たものを話した。

しかし佐々木さんが、それを信じるはずもない。

彼女に説明をしながら、自分が話していることのあまりの奇天烈さに、糸山さん自身も困惑することになったという。

三つ目の怪異は、年が明けてから起きた。

会社から帰ってきた糸山さんは、化粧を落とそうと自室の洗面所で顔を洗っていた。

洗顔を終える。

タオルを手に取り、顔をぬぐった。いつものように顔をあげ、何げなく目の前の鏡を見る。

背後に男が立っていた。

首がない。

乱れた着物姿のままだった。

首のない男は、糸山さんに両手を伸ばした。糸山さんは悲鳴をあげ、部屋から外に飛びだした。

「もう耐えられないんで引っ越そうと思っているんですけど、私っていったいどうなっちゃったんですかね」

糸山さんはそう言って、私に鑑定を依頼した。

正直、占い師より祈祷師の出番ではないだろうかと思いながら、私は自分に分かる範囲のものを伝えようとした。

糸山さんに誕生日を聞いた。

以下が、彼女の命式だ。

算命学には陰占（運勢判断など）と陽占（性格・才能判断など）があり、命式は陰占で用いる。

生年月日を年干支、月干支、日干支に変換したものだ。

ちなみに陽占で用いるのが、人体図である。

年干支　丙子《へいかのね》
月干支　辛卯《しんきんのう》
日干支　甲寅《こうぼくのとら》

日干支（自分自身をあらわす）が「甲寅」ということは、子丑天中殺。

つまり、子年、丑年はできるだけ無難に過ごすことがよしとされる宿命だ。結婚、転職、新規事業の開始、引っ越しなどは、すべて御法度とされている。

ということは、糸山さんは現在、年運天中殺ど真ん中ということである。

二〇二一年は丑年。

算命学的には、年明け早々はまだ二〇二〇年で、子年。

しかも、じつはそれだけではなかった。

五歳　庚寅《こうきんのとら》
十五歳　己丑《きどのうし》（★）
二十五歳　戊子《ぼどのね》（★）
三十五歳　丁亥《ていかのい》
四十五歳　丙戌《へいかのいぬ》
五十五歳　乙酉《おつぼくのとり》
六十五歳　甲申《こうぼくのさる》
七十五歳　癸未《きすいのひつじ》
八十五歳　壬午《じんすいのうま》
九十五歳　辛巳《しんきんのみ》

人は誰しも、十年に一度変わる大運干支というものを持って生きている。五歳運と呼ばれ、五歳から十年ごとに干支が変わる宿命の糸山さんは、十五歳から二十年間にもわたる、大運天中殺の時期を通過中でもあった（十五歳からは己「丑」、二十五歳からは戊「子」)。

大運で天中殺、年運でも天中殺となると、かなり危険である。

その上さらに言うならば、十二月は子月、一月は丑月。

つまり糸山さんは、大運天中殺＋年運天中殺＋月運天中殺という、最悪と言ってもよいトリプル天中殺期間まっただ中の運気であった。

こういうときは、万事慎重に過ごしたほうがよい。少なくとも、あまり運気は自分に味方をしてくれない。

かてて加えて引っ越しをした方位も、最悪と言ってよかった。

だが、だからと言って誰もが糸山さんのようにとんでもない怪異と遭遇するわけではない。

最悪の方位に越したトリプル天中殺の人がみな、首をはねられた男と出逢っていては、たまったものではないだろう。

何かある。そう思ったが、私の力ではそこまでだった。


すると後日。

糸山さんからメールが来た。

それを読み、ようやく私は得心がいった。

以下は、糸山さんから送られてきたメールの全文である。

ご本人の許可を得て、ここに掲載させてもらう。


幽木先生、先日はありがとうございました。

明日はいよいよ引っ越しですが、いろいろと興味深い話を耳にしましたので、お知らせしておきたいと思います。

会社に、このあたりの郷土史にくわしいかたと知りあいの先輩がいて、その紹介で話を聞くことができました。

真実を知って、改めてドン引きしましたけどね。

私が今住んでいるこの街、前にも言った通り、港の近くにあって大きな川もあるんですけど、会社の女子寮があるあたり、じつは昔、処刑場だったらしいんです。

今は本当にきれいに整備されていて、信じられないんですけど。

その郷土史家のかた、こう言っていました。

「川ですと、血を洗い流すことが容易ですから。あの世行きですよ、あの世行き。地名の由来も、そこから来ているんです」

先生、ここの地名、おぼえていらっしゃいますか。ああ、なるほどって、私、思いきり納得してしまって……。

昔から、怪異が絶えない場所なんだそうです。

刑場で非業の死を遂げられたかたたちを弔うために、たくさんのお寺が建立されたり、お地蔵様が祀られたりしたみたいです。

お祓いなんかももちろんやって来てはいるらしいんですけど、土地の穢れ方が尋常ではないんでしょうね。

霊感の強い人たちの間では、ここらへんに住むなんてとんでもないって有名らしいです。

この寮で暮らすようになった女子社員、会社を辞めていく人が何人もいたようなんですけど、そういうことだったのかも知れませんね。

私も、正直迷っています。

この寮とはもうさよならですけど、気持ちの悪い土地だし、まだまだ天中殺はつづくみたいだし。

せっかく就職できた会社ですけど、やっぱりここを離れたほうがいいんじゃないかなって。

ねえ、先生。

私、今不安なのは、今度はあの男の人の首が、いきなり私の前に現れるんじゃないかってことなんです。

目隠しをしていたから分かりませんでしたけど、あの男の人、カフェでいきなり現れた、あの丁髷の人なんじゃないかって、どうしても思うようになってしまって。

もし出てきたら、どうしたらいいんでしょう。

いずれにしても、いろいろとありがとうございました。

今夜、何も起きないことを、祈ってくださいね。

おやすみなさい。

糸山花菜

台風の夜

長谷さんは占いの師匠に紹介してもらった。

つまり弟子仲間である。

年齢は四十代半ば。消防士、美容師、バーテンダーなど、様々な職業を経て、真言宗の僧侶として得度した。

遅咲きの宗教家。

連れ子の女性と結婚し、息子さんも同じ真言宗の僧侶となった。

いずれはかわいいその息子さんと、どこぞの末寺に赴任して、宗教活動に精を出したいという。

これは、そんな長谷さんがまだ二十代前半の頃の話。

当時婚約をしていた女性と、二人で飼っていた子犬のゴールデンレトリバーを連れて旅行をしようということになった。

季節は夏である。

房総半島が好きだったため、千葉に行こうということになった。

旅程は二泊三日。

ペットOKのペンションを探したところ、一軒の宿を探しあてた。

実際に訪ねてみると、とても感じのいいペンションだった。海沿いの好立地。建物も新しく、とてもしゃれている。

長谷さんと恋人は、旅先での休日をペットとともに謳歌した。

初日の夜は、浜辺で花火を楽しんだ。二日目は、日がな一日車で観光地を回り、好天にも恵まれて、房総の夏を楽しんだ。

ところが――。

「いきなり天候が急変したんです。台風が来てしまった。翌日帰る予定だったんですが、海もしけってしまい、とてもではないですが、帰れる状況ではなくなりました」

長谷さんは母親に電話をし、事情を話した。

母親は神職をしていた。

強い霊感を持ち、九星気学の心得もある。だから言わないことではないという感じで、長谷さんは母親にため息をつかれた。

「もともと母は、いい顔をしていなかったんです。私たちが旅行を計画していた時期は、方角的に房総方面は全然よくないって」

母親から継いだＤＮＡのせいだろう、今でこそ自らも宗教家の道を歩むようになり、占いや陰陽道なども真摯に学ぶ長谷さんだが、当時は母親の言うことなど意に介さなかった。ただ「どうしても行くというなら、せめて二泊になさい。三泊以上は絶対によくない」とさとされて、二泊三日に決めた経緯があった。

「でも、台風が来てしまったんじゃしかたないですよね。私はペンションの人に相談して、もう一泊させてもらうことにしました」

交渉は、無事成立した。長谷さんたち二人は、台風の直撃を受けたその地に、もう一日とどまることになった。

そして、三日目。

当たり前だが、どこにも外出などできはしない。激しい雨と風が荒れ狂い、ペンションの屋根を、壁を、窓をたたいた。木々を揺さぶった。

長谷さんたちは終日宿で、愛犬と一緒に暇を持てあまし、どす黒い空を恨めしく見あげ続けたという。

やがて。

夜が来た。

台風はまだまだ、ピークを越えていなかった。だが予報では、明日は夏の青空が房総のこの地にも戻ってくるという話である。

まさかこんなことになるとはと苦笑いしながら、長谷さんたちは二階の客室で眠りに就いた。

しつこいほど雨が窓をたたき、不気味なうなりをあげて風が吹いた。

建物が軋み、窓を打つ雨音がおとろえることはなかったが、婚約者の女性は疲れもあってか、やがてうとうとと平和な眠りに就いた。

「やれやれ、とんだ目にあったなと思いつつ、私もようやく眠りに落ちていきました。愛犬も、とっくにおとなしくなっていました」

それからいったい、どれぐらいときが経ったのだったか。

ゴーーン。

遠くのほうで、お寺のものらしき鐘の音がする。

「はあ？　って思いました。近くにお寺なんてあったっけって。もちろん寝ていましたから、頭はぼうっとしたままです」

ゴーーーーン。

そんな長谷さんの耳に、またしても鐘の音が聞こえる。

先ほどより大きな音に感じられるのは、気のせいだろうかと思ったという。

だが。

ゴーーーーン。

気のせいなんかではなかったのだ。

鐘の音は、どんどん大きくなってくる。

ゴーーーーーーーーン。

近づいてくる。

ゴーーーーーーーーーーーーーン。

さらに近づいてくる。

さすがに意識がはっきりとした。何だこれとは思ったが、まだ目は開けず、様子を見た。

ゴーーーーーーーーーーーーーーーーーーン。

鐘の音が。

頭に響いた。

ちょっとこれはまずいのではないかと危険を感じた。そもそもどうして、鐘の音が大きくなるのだ。

絶対におかしい――狼狽《ろうばい》した長谷さんは、ベッドから身を起こそうとした。

ところが。

ゴーーーーーーーーーーーーーーーーーーーーン。

大音量で鐘が鳴った。

耳元でだった。

そのとたん。

静止ボタンで止められた動画のように、身体が動かなくなった。

「えっ。えっえっえっ、て思いますよね。だって、意識はあるのに動けないんです。何だよこれってパニックになりました」

もちろんそれまで、そんなことは一度だって経験がない。

どんなにあがいても、身体が動かない。長谷さんは、隣のベッドで眠る婚約者に意識を向けた。

――だ……だ……。

助けを求めようとした。

だが、どんなにふりしぼろうとしても、思うように声が出ない。

――だ……だず、げで……だずげ、で……。

自分の声とは思えなかった。

情けない、かすれた声しか出すことができない。

「どうすることもできませんでした。何て言うのかな……イメージとしては、蚕の繭みたいな。正にあれでしたね。繭の糸でグルグル巻きにされてしまって、その皮を自分の手で一枚ずつ剥がしていかなくてはならないような」

バリッ。バリッ。

長谷さんは必死になって繭の皮を剥がした。しかし剥がしても剥がしても、ちっとも自由になることができない。

分厚かった皮がようやく薄くなった頃には、夜が明けていた。長谷さんは、何とか自分に巻きついていたものを破ることができた。

「隣に寝ていた恋人を起こしました。でも寝ぼけた顔で、全然気づかなかったと言われてしまって。もちろん鐘の音も、まったく聞こえなかったようです。あたりは正に、台風一過。強烈な夏の日差しがカーテン越しに差してきました」

朝食は七時だった。

長谷さんは、最悪の夜を明かした客室から、下におりた。食堂に顔を出すと、スタッフが忙しく働いている。

そんな一人を呼びとめた。

じつは昨日、こんなことがあったんですけどと体験したことを小声で話す。

――あの。ちょっといいですか。

すると。

そのスタッフは周囲をはばかり、長谷さんをうながした。

誰もいない場所に移動した。

金縛りに遭われたんですかと、声をひそめて聞いてくる。長谷さんは何度もうなずき、謎めいた鐘の音と繭の恐怖を説明した。

スタッフは、じっと話を聞いていた。

長谷さんが話し終わると、意を決したように顔を近づけ、ささやいた。

――じつは、私もここで幽体離脱したことがあるんです。

長谷さんは驚きつつも、やはり自分だけではなかったかと得心した。

もっとくわしい話が聞きたかった。

だがスタッフは、それ以上の説明はしようとせず、曖昧にお茶を濁してその場をあとにした。

「恐らく、ペンションが建っていたあの土地に、何か問題があったんでしょうね。やっぱり近くにお寺なんかないみたいでしたし。話を聞いたのはその人だけでしたけど、多分怪異はそれだけではなかったと思います。変な噂が広まったりするとまずいという感じだったんじゃないですかね」

長谷さんが金縛りにあったのは、あとにも先にもそのときだけだった。

「母が、必ず二泊三日で帰りなさいと言ったのは、こういうことだったのかとしみじみと思いました。それと、あのペンション、いったいどうなったんだろうと思ってインターネットで探してみたんですけど」

二十数年前に宿泊したその場所の情報には、なぜだかどうやってもたどり着くことはできなかったという。

おっかあ

西日本某市で暮らす早川さんは、四十代半ば。

私とは長いつきあいになる友人で、モデルのような美人だが、この女性もまた、これまでの人生で無数の怪異と遭遇している。

異常干支の持ち主だった。

異常干支については、前著でも紹介した。霊感を持つものを輩出することも多い、異常性の強い干支である。

全部で十三個ある。

「同じマンションの別の階に、山田さんという男性が暮らしているんです。年齢は、五十代。独身です。お母様と二人暮らしのようなんですけど、お母様のほうは私たち夫婦が越してくる前から、長いこと寝たきりらしくって。だから、一度もお目にかかったことはありませんでした」

山田さんは、寝たきりになった母親の介護を、仕事をしながら長いことずっとつづけている――仲のいい住人から、早川さんは噂話でそんなことを聞いていた。

母親は認知症ではないようだったが、働きながらの介護はさぞたいへんだろうと、山田さんを見かけるたび、早川さんは胸を痛めていた。

そんなある日のことだった。

昨年の、とある夜明けの話だという。

見知らぬ老婆が夢に出てきた。マンションの敷地内で、仲のいい住民たちと楽しそうに立ち話をしている。

どうしてなのかは分からない。だが早川さんはすぐに、山田さんの母親ではないかと思った。

でもどうして私の夢なんかに。早川さんはいぶかった。

ただ一つ、接点と言えなくもないのは数年前。マンションの役員が回ってきたときに、早川さんは多忙な山田さんに代わって、ゴミ当番の仕事を二年ほど務めたことがあった。

ひょっとしたら母親は、そのときのことをずっと気にかけていてくれたのではないか。

早川さんは、そんなふうにも思ったという。

「夢からさめてしばらくしても、なぜだかずっとそのおばあさんの姿だけがはっきりと記憶に残っていて。何だろう、どういうことだろうって、気になって仕方がありませんでした」

だが結局、そのときはそれきりで終わった。一月も経つと、夢のことなど、もうほとんど忘れかけた。

ところが、再び早川さんを異変が襲った。

「やっぱり朝がたのことでした。山田さんのお母様だと分かるような感覚が、また夢に現れて。私、金縛りに遭いました」

みぞおちのあたりに、突然強い衝撃をおぼえた。たとえていうなら魂が飛びだしたか、あるいは、飛びこんできたか。

動けなくなった自分にパニックになりながら、同時に早川さんは、奇妙な匂いを嗅いだ。

自分の身近にいる人たちとは違う、人間の匂い。

さらには、蝋燭《ろうそく》の匂い。

ひょっとしてあのお母様、もうすぐお亡くなりになるのかなと、早川さんは感じた。

不思議な能力を持つ彼女は、もうすぐ死を迎える人や霊の匂いが分かった。

そして、それから数日後。

早川さんはさらなる怪異に見舞われる。

自宅のリビングで、急に激しい動悸がした。どうしたんだろうと思い、胸に手を当ててうめいていると、またしても金縛りになった。

老婆が頭の中に現れた。

早川さんは驚いて「何よ。なになに」とギュッと目を閉じた。だが老婆の姿は、どんどん鮮明になっていく。

金縛りのような状態から、身体の前半分がしびれだした。

また自分の魂が抜けだしていきそうな、あるいは断りもなく誰かが飛びこんできたような、とんでもない衝撃にとらわれる。

まるで、すごい勢いでバスケットボールが、みぞおちにぶつかってくるような感じである。

「私、立っていられなくなって、床にひざまずいてしまって。うーうーとうめきながら、丸くなって苦しみました」

耳鳴りがした。

心臓が、バクバクと鳴っている。

耳鳴りは潮騒みたいな音になり、数えきれないほどたくさんの人間――いや、もうとっくの昔に人間ではなくなった者たちが――。

——あああ。あああああ。ああああああ。

気持ちの悪いいくつものうめき声を、早川さんの脳髄に響かせる。

「でもやがて、そんな不気味なノイズの中から、鮮明に『ある声』が聞こえてきたんです」

気持ちの悪い声たちは、フェードアウトして消えていく。

それと同時に不思議なことに、身体におぼえていた不穏な衝撃は、自分では制御不可能な、高揚したトランス状態のような感覚に変わってきたという。

早川さんには分かった。

それは、山田さんのお母さんの声だった。だが意味を持つ、言葉の態をなしていない。

しかし、早川さんには理解できた。

息子に連絡をしてほしいと言われていた。そして彼女は、あるメッセージを老婆から託された。

「私、仕方なく『分かりました。連絡します』と言ってしまって。そうしたら、もう一度強い衝撃がして、ようやく現実に戻ることができました」

霊的な嵐が、ようやく去った。

早川さんはリビングの床に座りこんだまま「面倒なことになっちゃったな……」とため息をついた。

恐らくすでに、母親は亡くなっているのだろう。霊感の強い自分を頼り、ここまで来たのに違いない。

「もちろん、お役に立てるのだったら力になりたい気持ちはあります。でも実際問題、私は山田さんとも会えば会釈を交わす程度の仲でしかありません。数年前、同じ年にマンションの役員になって連絡先は交換していましたし、そのときはいろいろと業務連絡なども交わしあいましたが、任期が終わるとそれっきりでした」

さて、どうしよう。

早川さんは思案した。

同じマンション内なので、部屋を訪ねていくことはできる。

だが、相手は独身男性。しかも、持病もあったはずだ。

ときは、コロナ禍真っ盛り。やはり、まずは電話しかないだろうと、早川さんは決心した。

言うまでもなく、気は重かった。

だが老婆に約束してしまった以上、やるしかない。

早川さんはしりごみする自分に発破をかけ、山田さんに電話をした。

つながった。

「でも、何から話をすればいいのかって感じですよね。山田さんも不審そうにしていました。そりゃそうですよ。いくらマンションの役員を一緒に務めた仲とはいえ、それだけの関係でしかない住人がいきなり電話をしてきたんですから」

困ったなと、早川さんは思った。

しかし、とにもかくにも話をした。

――あ、もしもし。突然電話なんかしちゃってすみません。今、よろしいですか。あのですね。えっと……ちょっとと言うかだいぶと言うか、すごく、すごーく話しにくいことと言うか。あはは。あ、そうだ。お母様はお元気ですか？

自分でも「だめだこりゃ」と思うほど、出てくる言葉はしどろもどろ。

これは信じてもらえないかもしれないな。天を仰ぎたくなりながらも、早川さんは山田さんと話をした。

電話の向こうの山田さんは、かなり薄気味悪そうだった。

だがそれでも大人の対応で、母親はすでに亡くなっていること、ちょうど翌日が四十九日だということを話してくれた。

「山田さんと話をしたことで、お母様が私の夢に初めて出てきた日は、亡くなる三日前だったと分かりました。二回目は、ちょうど月命日でした」

早川さんは山田さんに、自分が体験したことを語った。

だが山田さんが、すんなりと彼女の話を受け入れるはずもない。

「どうして会ったこともないのに、夢に出てきたのがうちのおっかあだと分かるのかと聞かれました。まあ、当然の疑問ですよね」

早川さんは苦笑して、話をつづけたという。

電話口で、必死になって、自分が目にした山田さんの母親について語った。

小柄な容姿で目が細く、やや垂れてもいること。

どちらかと言えば、決して色白ではなかったこと。

年齢の割に声は甲高く、早口。特徴のある話しかたをした。早川さんは老婆の口調まで真似してみせた。

髪型についても言及した。

ほとんど白髪がなかったことも話した。

白地に小さな柄のシャツを着ていた。靴下や、履いていたサンダルの色や特徴まで、おぼえていることをすべて伝えた。

すると。

「おっかあだって。間違いない。それ、おっかあですって、言うんです」

山田さんは驚くというより、恐怖におののいている感じがした。山田さんの立場になって想像すれば、無理もないことだった。

だが早川さんが語って聞かせたことは、現実に、山田さんしか知り得ないことばかりだった。

そんな山田さんに、早川さんは母親から託されたメッセージを告げた。

――ありがとう、だそうです。それと。

早川さんは山田さんに言った。

――長いこと悪かったな。ありがとうも言えずに死んじゃってごめんな。

電話口の向こうがしんとなった。

長い沈黙のあと。

すすり泣く声が、した。

「何回も何回も、感謝の言葉を言われました。こちらが恐縮してしまうぐらい。私は無事に大仕事を終えられたことにほっとしながら、電話を切りました」

だがしばらくすると、またすぐに山田さんから電話があった。心のつかえが取れたかのように、山田さんは話し始めたという。

もう十年も前から、母親は寝たきりだった。ここ半年は癌までわずらい、入院をしていた。

だが、折からのコロナのせいでなかなか見舞いにも行けず、長年一緒に暮らしてきたのに、結局死に目にも会えなかった。

山田さんは、深い悲しみと罪悪感とともに生きていた。母親が亡くなった当日の様子まで、泣きながら早川さんに話をした。

そんな山田さんの一人語りを、早川さんは一緒になって泣きながら、長いこと聞いてやった。


この話には、後日談がある。

早川さんがマンションの中でばったり山田さんと遭遇したとき、彼から聞いた。

「お母様がまだ元気でいらした頃は、使った雑巾やタオルをしぼらないで、シンクやお風呂にかけるくせがあったそうなんです。おい、おっかあ、ちゃんとしぼれよみたいな感じで、よくケンカをしていたようです」

ところがつい最近。

山田さんは、それを見た。

ぽたり。

ぽたり。

ぽた。ぽたり。

しっかりとしぼったはずの雑巾から、なぜだか水が滴っていた。山田さんは驚いて、腰を抜かしそうになったという。

「私の話を聞いていなかったら、本当に引っ越しをしていたかもと笑っていました。お母様のいたずらだったのかも知れませんね」

早川さんはそう言って、おかしそうにクスッと笑った。

死神

T県で暮らす月野さんには、前著『算命学怪談』でもご登場いただいた。

恐怖体験がつづくと、目の色が緑色に変わるという四十二歳の不思議な女性。その数奇な人生は、今も昔も、様々な怪異にいろどられている。

そんな月野さんの現在の悩みは、仕事である。

根が真面目な性格。

いつでも全力投球で、目の前の仕事をこなしている。

この十五年ほどは、縁あって入社した金融関連業界の会社で、身を粉にして働いてきた。

だが——。

「こう言っては何ですけど、正に環境劣悪、給料極小、人間関係超最悪。特に人間関係には苦しめられていて、つい最近では心労が崇って、身体まで壊すようになってしまって」

私は月野さんから、転職について相談を受けた。

見てみると、少なくとも運勢的には、今年は悪い年ではない。

しかも人体図的に見る限り、今働いている業種も宿命にあっている。

天職といえた。そんなにいやなら同業他社に移ってもよいのではないかと、私は言った。

だが月野さんは「うーん……」と悩む。転職によい運気であることはうれしいが、心にかかることがあるという。

「何というか、気楽に転職できなくて。もちろん、こんな不景気なご時世だからと言うこともあるんですけど――」

それだけが理由ではないのだと、月野さんは言った。

「じつは私……自分のこと、死神なんじゃないかと思っているんです」

はあ？

私はギョッとした。

だが聞いてみると、彼女がそう思う理由も分かる。

今まで勤めた会社の、ほとんどが倒産していた。しかも月野さんが辞めてから、判で押したように、すべての会社が数年以内に。

倒産した会社は、全部で五社。その上社長は三人も、月野さんが退職してほどなく急逝している。

老齢だった一社の社長は、ある日くも膜下出血で、突然命を落とした。

あとの二人は、いずれもまだ当時四十代。豪腕というより、傲慢でならしたワンマン社長だった。

とても自分から死を選ぶようなキャラクターではない。

だが、いずれも自殺をした。

「しかも、私が勤めていた残りの数社も、全部合併吸収とかで社名が変わったりしていて。前の形のまま生き残っている会社は一社もありません。だから……」

余計な心配をしているように思われるだろうが、今勤めているこの会社は大丈夫だろうかと思うのだという。

「私がほんとに死神かどうかは……また辞めてみれば分かることなんですけどね」

月野さんはそう言って、憂鬱そうにため息をついた。

恋

T県で暮らす月野さんが、まだ二十歳にもならない頃の話。

幼い頃から特異な能力を持っていた彼女だが、年ごろになれば当たり前のように異性に興味を持ち、恋に落ちた。

出逢った恋人の名は、加納さんとしておこう。

加納さんは同い年。

まだ女子高生だった頃、寂しさをまぎらわせるために毎晩のように押しかけていた同級生の、中学時代の友人だった。

見せてもらった中学の卒業アルバムの中に彼がいた。

ひと目見たとたん、恋に落ちた。

そんな月野さんの「ねえ、紹介して。紹介して紹介して紹介して」という熱烈な依頼を拒みきれず、同級生の少女は愛のキューピッドになって、月野さんと加納さんの縁を結んだ。

ちなみに月野さんは、十二歳で母親を亡くしている。父親はいたがいろいろとあり、愛に飢え続けた少女時代を過ごしてきた。

「私、ものすごく愛情を求めるタイプなんです」と月野さんは言うが、それは彼女の人体図を見ても分かる。

財の星である司禄星と禄存星がことのほか多かった。

この二星は、魅力本能の星。

愛されたいと欲する本能が強くなっても不思議はなく、自身もまた愛情豊かな人格を形成していくことが多い。

しかも調候の守護神で見ると、月野さんの第一守護神は母親、第二守護神は伴侶と出る。

調候の守護神とは、その人の日干（その人自身）と生まれ月（月支）の組み合わせからルールに従ってみちびかれる守護神。

守護神とは、一言で言えば、その人の人生を生きやすくしてくれるものである。

命式の中にある十干から、その人それぞれの条件に応じて特定し、守護神的人物（人生を生きやすくしてくれる人物）や守護神的ものごと（こういうことを大事にして生きるべきだという指針）をみちびきだす。

例えば自分の守護神が「丁」だったとしたら「丁」を日干に持つ人物を守護神だと考えることも可能である。

自分の守護神は何かを知ることは、誰にとっても意味のある、宿命どおりに生きるための重要なポイントだ。

守護神が教えてくれる自分らしい生き方を心がけることで、誰もが持って生まれた宿命にかなった、自然な生きかたができるようになる。

守護神にはいろいろなとりかたがあるが、基本になるのはやはり調候の守護神だ。

そして、月野さんの第一守護神は母親、第二守護神は伴侶。

だがすでに、月野さんに母親はなかった。彼女にとっては、もはや伴侶こそが得難い守護神だ。

「ビジュアル的にもタイプど真ん中の人だったんですけど、話をして、さらに彼に惹かれていきました。加納くん、オカルト系の話が好きな人でもあったんです」

霊感の強い人は、若い時分にことのほか苦労をすることが多い。

本人は、自分に見えたありのままを語っているだけなのに、嘘つき、嘘つきと友人たちに誹《そし》られたり、気持ち悪がられたり、それらが高じて、凄絶ないじめにつながったりもする。

月野さんも、そんな少女時代を過ごしてきた。

そんな彼女にとって、人とは変わったところのある自分を理解してくれる男性であるかどうかは、じつはことのほか重要だ。

「そういう意味でも、理想の男性でした。彼になら話してもいいかもと思って『じつは私、ちょっと見えるんだよね』というような話もしました。思った通り、加納くんは引いたりもせず、そんな私を自然に受け入れてくれました」

月野さんはうれしかった。

舞いあがった。

この人しかいないと、心から思った。

うれしい。

うれしい、うれしい、うれしい。

私、加納くんと結婚したい。

甘酸っぱい気持ちで胸を締めつけられながら、愛する男性との胸躍る日々にのめりこんでいった。

ところが――。

「最初はどうしてだか分からなかったんですけど、加納くんとつきあうようになってから……私、やたらと見える回数が多くなってしまったんです」

見える。

言うまでもない。

霊である。

月野さんは精神的にアンバランスになると、いつにも増して霊が見えるようになるタイプだった。

加納さんとの愛の日々は、すさまじい数の霊たちと遭遇することが当たり前になる、過酷な日々にもなった。

しかも、ことはそれだけでは終わらない。

しまいには霊たちに、次々と憑依をされるようになった。

「加納くんとデートをしていますよね。私はとても幸せなんです。でもそのうち、何だか頭がもやもやしてくる。あれ、まずい……また変な感じになってきたと思っていると、例えば突然、小さな女の子の霊が憑依してきたりするんです」

恋人である加納さんの立場に立てば、相当面食らったことだろう。何しろふつうに会話をしていた恋人の女性が、いきなり――。

――えへへ。また来ちゃったよ、お兄ちゃん。

幼女そのものになり、それまでとキャラを一変させて、彼に甘えだしたりするのである。

憑依する人物は、多岐にわたった。

幼い女の子のときもあれば、老婆に憑依されたこともある。

交通事故で急逝したという中年の男が現れて「行きたくない。この世に戻りたい」と涙ながらに、妻や娘へのせつない想いを訴えられたこともあった。

あとで加納さんに聞いた話では、そういうときの月野さんは話す声が野太くなり、力も男性同然になるのだという。

自分の身体から出ていってほしいと願う月野さんにあらがってか、その男は彼女の腕を使い、自分の首を絞めていたという。

ちなみに加納さんは、空手の有段者だった。

力には自信があるほうだ。

それでも、男と化して自分の首を絞める月野さんの腕をほどけず、やむなく彼女の腹を思いきり殴って男を追い出したという。

あるいは、恋愛苦に耐えきれず自殺した若い女性も月野さんに憑いた。

月野さんが彼女たち不幸な霊の存在に気づいてしまうものだから「この人は私を分かってくれる。ねえ、寂しいからこの人、連れていってもいい？」と何度も加納さんは霊たちに聞かれ、返事に窮したそうだ。

「そういうときって、私自身は意識がはっきりしないことのほうが多いんです。あとになって、そのときの状況をぼんやりと思いだしたりはするんですけど、実際の現場では『ちょっと。私の身体返して』だとか『いつ元に戻れるんだろう』だとか、憑依された身体の中で、一人でパニックになっていることのほうが、圧倒的に多かったですね」

恋人の加納さんは、月野さんに霊が憑依している間、ずっと霊たちと話をした。月野さんは、加納さんと自分に憑依した霊との会話も、いくどとなく聞いている。

「加納くんは『ねえ、早く○○（月野さんの名前）を返してよ』とか、冗談っぽく言っていたりするんですね。でも霊のほうは、例えば小さな女の子だったら『いや。私、お兄ちゃんともっと遊びたい』なんて言って加納くんに抱きついたりして。加納くんに抱きついているのは私の身体なのに、私は『やめて。離れて』なんてヒステリックに叫んだりしていました」

自分を理解してくれる男性と出逢えたせいで、変な方向に能力が開花してしまったのかもしれないと、月野さんは言う。

そんな二人のかなり変わった恋の日々は、加納さんの母親も、親身になって応援してくれた。

母親は、仲のよかった妹を数年前に亡くしていた。

自殺だった。

そんな身の上もどこかで関係していたのか、霊的な話を決して否定しなかった。

「私と加納くんは別々の市に住んでいたんですけど、あるときお母さんが、自分たちの市に有名な神社があるから、相談に行ってみたらいいんじゃないかって言ってくれたんです」

今まで経験したこともなかった毎日。月野さんにしてみれば、ワラをもつかみたい心境だった。

ある日彼女は、加納さんの母親に教えられた社を訪ねた。

そして、恐らく宮司であったろう神職の男性に事情を話し『最近、あまりにもそういうことが頻繁で……』とぼやいた。

すると、神職の男性は月野さんにこう言った。

――あなたはまだ、精神的にも肉体的にも不安定な時期。本来なら、今は成人に向かってしっかりと、自分をととのえていかなければならないときです。そんなあなたの波長をいい方向に向かわせられるかどうかで、運命の相手とあなたの関係は決まる。あなた自身の力も変わる。つきあう相手によって、未来は大きく左右されます。こんなことを言うのは何だけれど、恐らく、今おつきあいをされている人とあなたの間に縁はない。もうすぐ何かが起きるでしょう。

月野さんは驚いた。

冗談ではないと憤慨もした。そんなことがあってたまるか。私は加納くんと、絶対に絶対に結婚するのだ。

だが、神職の男性の予言は、ほどなく的中した。

突然加納さんが「もう終わりにしたい」と月野さんに告げた。

「私、そんなの絶対に認められなくて。いやだいやだって。どうしてそんなこと言うのって、泣きながら加納くんにすがりました。そうしたら彼……」

——だっておまえ。

加納さんは、今まで一度も見たことがない、今にも泣きそうな顔で言った。

——つきあい始めてから、俺のそばにいてくれたこと、ほとんどないじゃない。

その一言が、決め手になった。月野さんは胸をえぐられるようなショックをおぼえたが、何も言い返せなかった。

交際期間は一年にも満たなかった。だが今にして思えば、恋人の選択は正しかったし、ありがたかったと月野さんは言う。

「だって……彼とあのまま一緒にいたら、私多分、この世からいなくなっていたと思います。霊に完全に支配され、身体をそいつにのっとられて」

ちなみにその後、今のご主人と結婚し、幸せな家庭を持った月野さんは、当時の恋人が暮らしていた市で、日々の生活をいとなんでいる。

住んでいるのは、例の神社の目と鼻の先。

界隈は当時とまったく様変わりしてしまい、そこがあの神社だったと気づいたのは、ずいぶん経ってからだったという。

火界咒

月野さんの話をもう一つ。

恋人だった加納さんと破局した彼女は、ショックのあまり自分を見失った。

精神的なバランスを完全にくずした。

先のエピソードでも書いた通り、月野さんは精神の均衡を失うと、いつにも増して霊が見えた。

「当時の私は一年半通った大学を中退して、バイトをしたり、正社員になったりして働いていたんですけど、何かをしていると、頭の中で声がするんです」

声は、月野さんに言った。

こっち来ちゃいなよ。

楽だよ。

ねえ、こっち来ちゃいなよ。

ああ、またかと思いながらも、どうすることもできなかった。

いつものことだと、言えば言えた。

楽しかった恋の日々が、またも脳裏によみがえる。

つらかった。

せつなかった。

もうこの人しかいないと思いつめていただけに、傷は大きい。

「まったく眠れなくなりました。私、悩みが高じるとぱたりと眠れなくなるんです。そうなったら、もう家になんかいられません。閉鎖的な空間にいると発狂しそうになるので、一緒に暮らしていた父の世話を焼き終わって夜中になると、決まって一人で外に出るようになりました」

月野さんは、今も昔も車を運転することが大好きだ。

当時の愛車は、三菱のランサーエボリューションⅢ。ハイパワーなエンジンとフルタイム4WDシステムを搭載したスーパーカー並みのセダン。

外車や高級スポーツカーならスピードが出て性能がいいのは当たり前だが、ランエボはそこまで高額というわけではないのに、馬力があり、セダンなのでファミリーカーにもなる。

四駆だから雪道にも強かった。それを、女子が乗りこなすのがかっこいいのだと思っていた。

顔も形も大好きだった。まるで、別れてしまった加納さんのように。

そう思うと、また涙が出た。

月野さんは愛車に乗り、行く先も決めずに毎晩のように家をあとにした。

こっち来ちゃいなよ。

楽だよ。

ねえ、こっち来ちゃいなよ。

頭の中には、そんな異形の者たちの声がしている。頭はぼうっとしてしまい、いつでもどこか上の空だった。

「毎晩、頭の中にカーナビのような映像が降りてきて、勝手に道案内を始めるんです。何て言うのかな……頭の中を完全に支配されている感じですかね」

車を飛ばしてのドライブは、無数の霊との遭遇の道行きでもあった。

道ばたに、見えてはいけないものばかりが見える。

「地縛霊って言うんでしょうか。もしかしたら、事故とかでそこで亡くなった人かもしれないですし、無念なことがあって、ずっとそこにいなければならなくなった人かもしれない。そんな不気味な霊たちが、行く先々、いたるところにいました」

深夜なので、あたりは真っ暗だ。

その中に、マッチでポッと白い火を点けたかのように、霊たちはいた。

月野さんのランエボが接近していくと、霊たちはふわりと、こちらに襲いかかってくる。

足はなかった。

重力も感じさせない。

それらがじっとりとした霧のように、月野さんめがけて飛びかかってくる。

無表情な霊もいた。

耳元まで口が裂けた霊もいる。見開いた目が血走っている霊も。

「強いて言うなら、どうしてだろう、老婆が多かった気がします。般若みたいな顔をしたおばあさん。般若の顔に、真っ白な長い髪。そういう霊が、次々と私に両手を伸ばして飛びかかってきました」

月野さんは不気味な霊たちをやり過ごし、車を駆り続けた。

霊が怖かったからだろうか。意識はいつでも、知らない間にどこかに飛んだ。

そして気がつくと、いつでも似たようなところにいる。

その一つ――何度連れていかれたか分からない場所が、海沿いの国道にある離れ小島だ。

ゴツゴツとした、足場の悪い岩の階段を上っていくと小さな鳥居があり、弁財天をお祀りしている社があった。

そこに何度も連れていかれた。

どうしてそこなのかは分からない。だが、ふと我に返ると真っ暗な闇の中にいる。あれっと思って見回せば、社へとつづく岩の階段を上っている途中だったことが何度もあった。

しかも、つるっと足がすべったりする。

「もしもそこで転んだりしたら、もう完全に海へと真っ逆さまというような場所なんです。意識が戻ったらあまりにも高いところにいて、思わず声をあげたことも一度や二度ではありませんでした」

こっち来ちゃいなよ。

楽だよ。

ねえ、こっち来ちゃいなよ。

恐らく、本当に死にたいと思ったら、死んでいたのではないかと月野さんは言う。

だが、この世をはかなむ気持ちはありながらも、まだ死にたくはないという思いもあった。

そのおかげで、綱渡りのようなぎりぎりの状態ではあったが、最悪の事態は回避していたのではないかと彼女は思っている。

「それと、○○農道っていう、山沿いをずっと走って県を横断できるような道もあって。そこに薄気味悪いトンネルがあるんですけど」

月野さんは当時を思いだし、そう言った。
○○農道をN県方向に向かって走っていくと、その不気味なトンネルはあった。
オレンジ色の弱々しいライトが中を照らし、通過するのに四十秒はかかる陰気なトンネル。入った段階では、出口は見えない。

なぜだか月野さんは、そのトンネルにも何十回となく呼びよせられた。

「ふと気がつくと、そろそろトンネルに入るあたりまで車を飛ばしてきているんです。私、トンネルに入るときは必ず時計を見る習慣があるんですけど……」

時刻はいつも、深夜一時をちょっと回った頃だった。

またここかと思いながら、月野さんの運転するランサーエボリューションは不気味なトンネルに飛びこんでいく。

しかし――。

「ふつうに走れば四十秒ぐらいで抜けられるはずなのに、走っても走っても、全然出口が見えないんです」

そんな奇妙なドライブが毎晩のようにつづいた。

ようやく出口が現れ、やっとのことでトンネルを抜ける。月野さんが時計を見ると、いつも決まって二時半を回っていた。

「どうしてなのか分かりません。こっちが聞きたいぐらいです。あのトンネルに呼びよせられたことは何度となくありましたけど、いつも決まってそんな感じでした」

そんな深夜のトンネルドライブで、ひときわ忘れられない事件があった。

その夜も月野さんは、何かにみちびかれるようにして車を駆り、気づけばまた、○○農道の陰鬱《いんうつ》なトンネルの近くまで来ていた。

いつになくじめっと重い、ねばりのようなものを感じる夜だった。

月野さんはいつものように時間をたしかめ、トンネルに突っこんでいこうとする。

深夜一時を過ぎていた。

今夜もまた時間がかかってしまうのだろうか。うんざりするような気持ちになったが、それならそれで仕方がないかとも思ったという。

けれど——。

「トンネルに入ったとたん、ヒヤッとするものを感じました。あきらかにいつもと空気が違うんです。寒いっていう感覚とも違う。いきなり洞窟に入ったときに感じるような、異様な冷気に背筋を撫でられました」

今夜に限ってこの冷たさは何なのと、月野さんはいぶかった。トンネルの外もじめっとしてはいたが、気温はここまで低くない。

背中から首筋にかけて、ゾクッと鳥肌が立った。

月野さんは身じろぎをし、何げなく、バックミラーで後方を見た。

侍がいた。

一人の侍が刀を支えにし、後部シートにぐったりと前のめりになっている。

その顔は、思いのほか近くにあった。

侍――それが侍ではないというのなら、いったいなんだというのであろう。合戦姿だった。鎧兜に身を包んでいる。壮絶ないくさをくぐり抜けてきたことを物語るかのように、鎧も兜もボロボロだ。

ずぶ濡れだった。

しかも顔中、どす黒い血に染まって目を剥いている。

月野さんは金切り声をあげてアクセルを踏みこんだ。

「なんたってランエボですからね。すっごい勢いで加速して。私、ずっと『ギャアアアッ』って叫びながら、冷たいトンネルの中をひたすら走りました」

やがて、出口が見えた。

車の振動も爆音も感じる。

横を見ると景色だって動いている。ライトも動く。

だが。

出口との距離が縮まらない。

目の前に見えているのに、走っても走ってもたどり着けない。

その上なぜだか、対向車も来なければ後続車もなかった。オレンジ色の薄気味悪いライトの中を、月野さんの車だけが駆け抜けていく。

——あ……あぁぁ……あぁぁぁぁ……。

血まみれの武士は、うめいていた。

うめきながら、さらに目を剥く。

——ぁぁ……ぁぁぁ……ぁぁぁぁ……ぁぁぁぁぁぁ。

怖い。

怖い、怖い、怖い。

誰か助けて。

涙で前が見えなくなりかけた。月野さんはアクセルを全開にした。

しかし——。

「スポーツ選手が身体にゴムを巻きつけて、タイヤを引っぱって走る練習とかするでしょ。あんな感じなんです。進みたくても進まない。アクセルを完全に踏みこんでいるのに。どうして。どうしてって。私は完全にパニックになりました」

ごめんなさい。ごめんなさい。

私まだ行きたくないの。

お願い、連れていかないで。まだ行きたくないんです。

ねえ、分かって。行きたくないの。行きたくないの!

ノウマク　サラバタタギャテイビャク……。

月野さんは大声で、マントラ(真言)を唱え始めた。

火界呪《かかいじゅ》。

真言宗の最高神、大日如来が怒りの化身と化して現出する、不動明王の強力な呪文。

不動明王のマントラとしては一字咒《いちじじゅ》、慈救咒《じくじゅ》などが有名だが、月野さんは火界咒を唱えながら、周囲が劫火で囲まれる様を想像した。

不動明王のご加護を得て、結界を張るイメージ。邪霊や悪鬼を決して近づけなくするとされる強烈な結界法である。

もちろん素人だし、あくまでも自己流だ。だがいざというときのために、彼女は火界咒をおぼえていた。

不動明王にすがりたかった。

「そのおかげ……だったのかも知れませんね。ようやくゴムがピッと切れるような感覚があって。車の爆音がとどろきました。そしてやっと、トンネルを抜けだすことができたんです」

バックミラーで後ろを見れば、すでに侍はいなかった。

月野さんは全身から、玉のような汗を噴きださせた。

翌日。

家の駐車場でよくよく見ると、愛車の後部シートは、びっしょりと濡れていたという。

気味の悪い子

橋北さんは、ネットを通じて知りあったお客さんの女性。

――何か、怖い話を体験していませんか。

鑑定行為が終わってしばらくすると、私はお客さんに、そんなメールを送るようになった。

前著を世に出せたことで、お客さんのほうも、私をそんな占い師だと認識してくれるようになっている。

ありがたいことだ。

話は以前より、スムーズに進みやすい。

「怖くはないと思うんですけど、今でもどうにも分からない、不思議な話ならありますよ」

橋北さんはそう言って、話を聞かせてくれた。

中学三年生のときのことだという。

生まれ育った家は、祖母、父母、姉、弟、そして橋北さんの六人家族。食事のあとは、必ず父か母が、みんなにお茶をふるまってくれた。

食事が終われば誰もがみな、好き勝手に過ごすような環境だった。

複数の部屋にテレビがあった。それぞれがいつもの部屋、いつものペースで、思い思いに食後の時間を楽しんだ。

「私は勉強部屋に戻って、本を読むことが多かったんです。いつも食事を終えるとすぐに部屋に帰り、一人でフィクションの世界にのめりこみました」

そんな彼女と、母親の折り合いは決してよくなかった。

お茶を飲み終えたら、台所に湯呑みを持っていくのがルールだった。だが橋北さんは、どうしてもできない。

「どうしてだと思いますか。簡単です。持っていきたくても、持っていけないんです。だって……消えてしまうんですから」

湯呑みが、と橋北さんは言った。

それは、物心ついたときからずっとつづく、説明のつかない現象だった。

置いたものが、気づけばなくなっている。

ちょっと目を離した隙に。

湯呑みだって、いくつ新調してもらったか分からない。

「もちろん、そんなふうに消えてしまうのは湯呑みだけじゃありません。机の上に置いたはずのはさみが、使おうと手を伸ばしたら消えてしまっていたり。どこを探しても見つかりません。結局、一年に一回しか使わないプリントごっこの箱の中から出てきたんですけど、わけが分かりませんでした」

はさみが消えたのは、ある年の夏のことだった。

年賀状の季節になり、プリントごっこの箱を開け、ようやく橋北さんは、そこにはさみを見つけたという。

「そんなことが、ときどき起きてはいたんです。でもやっぱり、一番被害に遭ったのは湯呑みでしたね」

だらしがないと、母親はそのたび彼女をしかった。

だが橋北さんにしてみれば、怒られたところでどうしようもない。消えてしまうものは、消えてしまうのである。

しかし橋北さんの主張を、母親は信じてくれない。

「だからその晩も、しっかり台所に持っていかなきゃって思いながら、勉強部屋でお茶を飲んでいました。ところが」

またしても、忽然と湯呑みが、勉強机から消えた。

「怒りましたね、母。いい加減にしなさいって。私は主張しました。だって消えちゃうんだから仕方がないじゃないって。そうしたら母親、もう我慢できない、どうしてそんなに嘘ばかりつくのとヒステリーを起こしてしまって。あなたはいつでも嘘ばかりだって怒鳴るんです」

――そんなに消えるというのなら、お母さんの前で飲んでみせなさい。

母親はまなじりを吊り上げ、新たな湯呑みを用意した。

挑発だった。

熱いお茶が、注がれた。

橋北さんは悲しかった。

自分だって、何が何だか分からないのだ。姉や弟に、これ見よがしに苦笑されるのも悔しくてならない。

「ちょっぴり涙目だったかも知れませんね。ダイニングテーブルで、飲みたくもないお茶を飲みました。母の小言を聞いていてうんざりしながら」

そしてようやく、橋北さんは飲み終えた。

空になった湯呑みを手渡そうとすると、母親に声をかけられた。勉強のほうはどうなの、というような話だった。

「私、テーブルに湯呑みを置きました。もちろん母も見ている前でです。聞かれたことに対して、一言か二言、やりとりをしました。話が終わり、母が視線をテーブルに戻すと」

忽然と、湯呑みが消えていた。

「えっ、えっえって。私の母、それはもうとり乱してしまって。ここに置いたわよね、置いたわよねって、パニックになりながら探しました。でも、結局湯呑みは出てきませんでした」

他の家族も巻きこんで大騒ぎになった。

しかし、結果的にはから騒ぎ。

湯呑みはどこからも出てこなかった。

「私はちょっぴりいい気分でしたね。ずっと嘘つきと思われていたわけですから、名誉挽回です」

だがそれ以来、橋北さんに対する母親の態度は、どこか他人行儀なものになった。

悲しいことにそれは変わらず、今もつづいているという。

——気味の悪い子。

そんな烙印を、その日、橋北さんは母から押された。

「ちなみに、台所で消えた湯呑みなんですけど」

事件から数日後。

橋北さんが学校に行っているとき、母親が掃除をするために彼女の部屋に入った。乱れが気になった机の上を整頓し、床に掃除機をかけた。

ふと見ると、橋北さんの勉強机に、湯呑みがあらわれた。

母親は腰を抜かした。

ついさっきまで、そんなものがなかったことは、自分が一番知っている。

「あまり怖い話じゃなくてすみません。でも、本当にあったことなんです。本当に消えてほしいものは、なぜだか消えてくれませんでしたけどね」

それと、消えてほしい人も。

冗談のように、橋北さんは言った。

あいけ

結婚運の悪い命式に「天干二重干合」というものがある。

近所に住む、岩浦真希さんという三十代半ばの女性が、この命式を持っていた。

「当たってるってことですよね。この年で、二度も旦那に先立たれちゃうなんて」

岩浦さんは、苦笑した。

年干支　甲子《こうぼくのね》
月干支　甲戌《こうぼくのいぬ》
日干支　己丑

これが、岩浦さんの命式。

干支のどれもが自分ということになるが、算命学では一番左にある日干支、あるいは日干を、より本質的な意味での「自分自身」と考えて占いをする。

岩浦さんの日干は「己」。

こういう人の伴侶の干は「甲」になる。

つまり岩浦さんは、日干「己」の横に、伴侶の干「甲」がいるという宿命だ。

これだけなら、別にいい。

問題は、月干「甲」の右横——年干にもまた、伴侶の干である「甲」が透干《とうかん》していることである。

これは、その人の人生に伴侶が二度現れることを意味するとされる。要するに、結婚が二度以上になる可能性が高いと考えられる、波瀾万丈の命式だ。

岩浦さんも、この命式を地でいく人生を送ってきた。

結婚歴は二回。

一度目の夫は、結婚二年目に白血病で他界した。岩浦さんが、まだ二十代前半のことだったという。

二度目の夫は、高校時代の恩師だった。

同窓会で再会し、一回り以上の歳の差も関係なく、相思相愛の仲に発展した。

一粒種の男の子が生まれた。

名を、祐希くんとしておこう。

岩浦さんの夫は、ことのほかこの子をかわいがった。そして祐希くんもまた、いつでも「パパ、パパ」と父親を慕って走る、仲むつまじい親子だったようだ。

ところが再び、岩浦さんは夫を失う。

交通事故だった。

「歳が離れていたんで、先立たれてしまうことは覚悟していましたけど、まさかこんなに早く逝ってしまうなんて。生きる気力をなくしましたよ」

それが、三年前のことだった。

祐希くんは三歳になっていた。

3LDKの賃貸マンションは、突然がらんとなった。広さを持てあました。岩浦さんはしばらくの間、放心状態で泣き続けたという。

「でも、いつまでも悲しんでばかりもいられなくて。夫のパソコンを見ないと分からないことが、いくつも出てきたのも困りました」

当時を思いだし、岩浦さんは唇をすぼめた。

信じていた夫とはいえ、究極のプライベート空間とも言えるPCにアクセスすることは、やはり勇気がいった。

だが、そんなことも言っていられない。

夫のPCにはロックがかけられていた。岩浦さんは必死になって、思いつく限りのパスワードを入力した。

どれも違った。

からぶりつづき。

日中は仕事をしているため、自由になる時間はかぎりなく少ない。これはもう、専門の業者に頼るしかないなと、岩浦さんはあきらめかけた。

そんな、ある晩のことだった。

いつものように、夫のPCと格闘をした。

だが――。

「祐希の様子がおかしいんです。隠れてこそこそと、何かしているんですよね。どうしたのって聞きにいったら、それこそもう、悪いことをしていたところを見つけられた子供そのものなんです。表情を硬くして、上目づかいに私を見て」

わけが分からなかった。

だが、そのままにはしておけない。説教が必要なことをしでかしたのなら、きちんと怒らなくてはならなかった。

岩浦さんは、キッチンの食卓に向かいあい、話をしようとした。

だが祐希くんは落ちつかない。あちらへこちらへと視線を泳がせ、心ここにあらずという顔つきだ。

「これは間違いなく、やらかしたなって。私は厳しい表情を作って『言いなさい。何をしたの』って怒りました。そうしたら……」

……あいけ。

祐希くんは、いきなりわけの分からないことを言った。

「はあ、ってなるじゃないですか。あいけ。何それ。何のことって。私は、イライラしながら祐希に聞きました」

すると祐希くんは、こう言ったという。

……あいけ。ゆうゆう。わあい、けえむ。

はあ、なんて?

岩浦さんは聞き返した。

祐希くんはもう一度言った。

あいけ。ゆうゆう。わあい、けえむ。

「何なの、この子って。私、薄気味悪くなってしまって、思わず顔をしかめて祐希を見てしまいました。そうしたらあの子、言ったんです」

――ママに言ってくれって。パパが。

岩浦さんは「えっ」と聞き返した。

祐希くんは、たどたどしい言葉づかいで言った。

――おーもじだって。

「私、祐希を見つめました。祐希は落ちつかない様子で、私の隣を見ています。じっと、見ているんです。私、背筋にぞくって」

鳥肌が立った。

隣を見る。

誰もいない。

だが祐希くんは、じっとそちらに目をやっている。

岩浦さんを見た。困ったように言った。

――ママには見えないんだって。ずっとかくれんぼしてるから。

「私、もうどうしようもなくなってしまって。祐希が見ているのに、わーって泣いてしまって」

あなた。

誰もいない、隣の椅子に両手を伸ばした。

あなた。

あなた。あなた。あなた。

何度も何度もかき抱いた。

両手が空を切り、自分自身をむなしく抱きしめる。

泣きくずれた。

祐希くんも、泣いてしまった。

「だってママが泣くんだもんってしゃくりあげながら、夫に言っているんです。私、涙が止まらなくなって。あなた、あなた、あなたって。祐希に駆けよって抱きしめたら、あの子もますます、火が点いたように泣いちゃって」

やがて。

パパ、もう行っちゃったよと祐希くんは言った。

そうだ。

忘れてはいけない。

思いだし、岩浦さんは紙とペンを用意した。

祐希くんから聞いた言葉を、いそいで殴り書きする。そして、平仮名をアルファベットに変換する。

あいけ。ゆうゆう。わあい、けえむ――あい。けー。ゆー。ゆー。わい。あい。けー。えー。えむ。

I・K・U・U・Y・I・K・A・M。

岩浦さんの名前と祐希くんの名前を一つにくっつけ、逆さにしたものだった。

パスワードとして入力すると、開かずのPCは、ようやく開いた。


その日が最後だった。

二度と夫は、岩浦さんと祐希くんの前に現れなかった。

ちなみに現在、祐希くんは六歳。

当時の記憶は、もはやまったくないという。

いやな匂い

「死んでしまった人間との相性って、見てもらえるものなんですか」

占いの仕事をしていると、人生はいろいろだと考えさせられる。

しかもそこに、怪異の蒐集などというもう一つのフィルターが加わると、そんな私の複雑な思いは、ますます強いものになる。

奇妙な相談をしてきたのは、半田郁美さん。占い師として私が運営するサイトを通じて問いかけてきた。

もちろんできますと、返事をした。すると半田さんからは、こんな返事が来た。

「義母と私を見てもらいたいんです。私を憎んで、憎んで憎んで、死んでいった人との相性を」

四十路を迎えた半田さんの離婚歴は、二回。

三歳になる一人息子は、二度目の結婚でようやくさずかった。現在は、最初の結婚相手だった男性とよりを戻し、息子と三人で暮らしている。

しかしその生活は、聞いてみると相当怪奇だった。私、結婚運悪いんですかねと、半田さんは自虐的に言った。

そうかもしれなかった。

年干支　庚申《こうきんのさる》
月干支　乙酉
日干支　庚子《こうきんのね》

半田さんの日干支は「庚子」。

こんなことを言っては何だが、あまり結婚運はよろしくない。

しかも「天干二重干合」（結婚が一度ですまない場合が多い）「井蘭斜格《せいらんしゃかく》」（家庭運があまりよくない）といった状態にもなっている。

最初の結婚は、二十七歳のとき。

くだんの義母に、二年半もの長きにわたって反対され続けた末のゴールインだった。

夫（当時は恋人）に連れられ、最初に挨拶に行ったときから忌みきらわれた。

あとで夫から聞いた話では「笑ったときの目の形が嫌い」ということのようだった。

そんなことを言われて、こちらも気分がいいわけがない。

だが半田さんは必死に努力をし、ようやく義理の両親の許しを得ることができた。

しかし案の定、同居生活はうまくいかない。

どうしても義母とそりがあわない。

それこそ箸のあげおろしから、ちょっとしたふるまいのあれこれ、ファッションやヘアスタイルまで、いちゃもんをつけられた。

夫婦のプライベートなスペースにまで、義母は平気で立ち入り、ゴミ箱の中までチェックをされた。

三年、持たなかった。

半田さんは泣く泣く家を飛びだした。

「こんなに嫌いな人も珍しいというぐらい嫌いでしたね。夫との仲は悪くなかったのですが、結局離婚を選びました」

再婚をしたのは、三十五歳のとき。

三十七歳にして、ようやく一児をもうけることができた。

名を陽太くんという。

だが新しい夫は、極度の浮気性だった。本気になった愛人の家に入りびたるようになった。

離縁を求められた半田さんは、紆余曲折の末、二度目の離婚届に判を押した。三十八歳になる歳のことだった。

ところが、焼けぼっくいに火が点いた。初婚の相手だった夫が、連絡を取ってきたのである。

「嫌いになって別れたわけではありませんでしたから。再婚相手だった男にくらべたら、いろいろな意味で信頼できる人でした。でも、義母とは二度と暮らせません」

しかも半田さんには、すでに陽太くんもいた。簡単に、義母が再婚を認めようとも思えない。

果たせるかな、やはり首は縦に振られなかった。

すでに義父は鬼籍に入り、義母は未亡人になっていたが、女帝ぶりには、むしろ拍車がかかっていた。

「でも夫は、今度は何があってもと抵抗してくれて。結局義母が反対しても実家を飛びだし、三人で暮らす道を選択してくれました」

こうして半田さんは、前夫とやり直すことになった。

あんな女の子供に財産はやれないと反対する義母を刺激しないよう、籍を入れることはせず、事実婚の形を採った。

挨拶に出向くことを義母が拒んだため、一度として顔を見ることはかなわなかった。

新しい暮らしが始まった。

それが、一年前のこと。

夫は陽太くんを我が子のようにかわいがり、また陽太くんも、新しい父親によくなついた。

半田さんの心中には常に義母の存在があったが、それでも前夫との二度目の日々に、女の幸せを感じていた。

ほどなく、義母に癌が見つかった。

スキルス胃がんだった。

「私のせいにされました。あんな女が戻ってきたから病気になったって」

半田さんの言葉には、怒りとやるせなさがにじんでいた。

「入院をしても、義母は私が見舞いに行くことを絶対に許しませんでした。でも、とうとう危篤になってしまって、私は夫と病院に駆けつけました」

半田さんは宿命の義母との再会を果たした。

十年ぶりだった。

個室のベッドに横たわり、義母は生死の境をさまよっていた。

別人のようだった。骨と皮ばかりになっていた。

本当に義母かと疑いすらした。

ふくよかな人だったのに、あの頃の義母はもうどこにもいない。しかも、意識はすでに朦朧《もうろう》とし、瞳は鉛色に濁っていたというのに——。

「私がいることに気づくと、表情が変わったんです」

半田さんはそう言った。

うつろだったはずの義母の目が、くわっと見開かれた。

すでに言葉など発せられる状態ではない。

それなのに、何か言わずにはいられないとばかりに口が動いた。皺だらけの顔に、憎悪と怒りがあらわれた。

「私だって、正直思いは同じです。でも、命の炎がつきかけている人にそんな顔で睨まれて『ああ、ここまで嫌われていたんだ』って今更のように思ったりもして」

私は半田さんから、義母の生年月日を聞いた。

詳細を書くことはひかえるが、その日干支は「庚子」。

半田さんと同じだった。

同じ日干支を持つもの同士は、一つのコミュニティに共存できない。カップルだったらかなり危険な相性になるし、親子であれば衝突は禁じ得ない。

そういう意味では、半田さんと義母の相性は最悪と言ってもよかった。だが「それにしたって、いくら何でも……」という思いは禁じ得ない。

しかも、これはまだ序章にすぎなかった。

「四十九日が過ぎてしばらくすると、もう義母はいなくなったのだから、何かと手狭な家にいるより、実家に戻ったほうがいいだろうということになって。私は息子を連れ、かつて数年間だけ暮らした家に引っ越すことになりました」

喪が明けたら、晴れて入籍をしようと夫からは言われていた。夫の実家で暮らし始めたのは、半年ほど前のことのようだ。

そして、悪夢は始まった。

「引っ越しをしたときから、何だか変な感じはしていたんです。家の中に、義母の匂いが異常なぐらいしているんですよね」

半田さんは眉をひそめたという。

義母が暮らしていた私室はもちろん、家の中のどこにいても、いやな匂いがついてまわった。

そのことを訴えても、夫はまったくピンと来ない。「長いことここで生活していたんだから、仕方ないんじゃないか」と一笑に付されるばかりだった。

だが、義母の匂いは半田さんを悩ませた。

慣れることができなかった。

半田さんはそんな自分を懸命になだめながら、義母の私物を少しずつ、夫と二人で処分した。

そんなある日のことだった。

「二階で探しものを終えて、下に降りようとしたんです。階段のステップに足をかけようとすると、後ろから……」

——郁美さん。

半田さんは飛びあがりそうになった。

自分と息子以外、誰もいないはずの昼下がり。

しかも、声に聞きおぼえがある。

忘れられるはずもない声だった。

「私、驚いて振り向こうとしました。そうしたら」

足をすべらせた。

バランスをくずしてふりかえる。

義母がいた。

痩せこけた、グロテスクな老婆が無表情で半田さんを見ている。

「一階まで転げおちました。首の骨を折らなくてよかったとお医者さんに言われるぐらい、派手な落ちかたでした。頭を強く打って、脳しんとうを起こしました」

けがの痛みもひどかったが、正直それより、恐怖が勝った。

どうして義母など見たのだ。

声も聞いた。

幻聴と言うには、あまりにリアルな声だった。

「夫にも話したんですけど、ケンカになってしまいました。いい加減にしろよっていう感じで。でも、夫の言うことも分かるんです。自分の言っていることがおかしいという自覚は私にだってあります。でも」

その日以来、義母の匂いはますます強いものになった。

家にいると、いつも背後に気配を感じた。もちろん振り返っても、誰もいなどしない。

しかし匂いは半田さんの肉体に、いや、心にまで、泥のようにまつわりついた。

「やがて、ゾッとするようなことが始まりました。信じられますか。義母の匂いが、息子の身体からするようになったんです」

半田さんは、あまりのことにパニックになったという。

陽太くんの日常に、異変はなかった。新しい暮らしにもなじみ、夫との仲も順調そのものだ。

だが、匂いがした。

義母の匂いが。

どうして息子の身体からそんな匂いがするの——ケンカになることを承知で、半田さんはまたしても夫に訴えた。

夫はさすがにうんざりした様子で、心療内科への通院を提案したと言う。

「誰にも分かってもらえない。生きた心地がしませんでした。私は陽太から目が離せなくなって、食事も喉を通らなくなりました」

決定的な出来事は、そんなある晩、起きた。

俗に言う、草木も眠る丑三つ時。

半田さんたち親子は、八畳の和室に寝ていた。

奇妙な物音に起こされた。

半田さんは眉をひそめた。

どろっと深い闇の底で、陽太くんが笑っている。

「寝ぼけているのかなって思いながら、息子が寝ている布団のほうを見ました。そうしたら――」

えっ。

半田さんは、陽太くんが眠る布団を凝視した。

誰かが一緒に寝ている。

誰かって誰よ。

半田さんは布団から飛びおきた。

義母だった。

痩せこけた、骨と皮ばかりの義母が陽太くんに添い寝をし、耳元で何かをささやいている。

一人息子は眠っていた。

それなのに、義母のささやきに反応し、時折無邪気な笑い声をあげる。

そんな陽太くんの頭を、いい子いい子とでも言うように、義母は何度もそっと撫でた。

その顔つきに見おぼえがあった。

笑っていなかった。

そこにあるのは何度も半田さんに向けられた、背筋が凍る無表情。

「私は悲鳴をあげました。息子に駆けよりました。寝ていた陽太を抱きかかえ、布団から引きずりだしました」

あわてて夫が飛びおきた。明かりをつける。

だが、寝ぼけ眼で「どうしたんだよ」といぶかる夫が見たものは、とまどう陽太くんを抱きしめ、おかしくなったような声をあげる半田さんの異様な姿だけだった。

「そうですか。やっぱり相性最悪なんですね、私と義母。でも、それにしたって」

鑑定結果を話すと、半田さんからはそんな返事が来た。

でも、それにしたって——思いはまったく、同じである。人は、ここまで人を忌みきらい、憎み続けることができるものだろうか。

よかったら、知りあいの祈祷師を紹介しますよと私は言った。

だがすでに、見かねた夫がお祓いの依頼や引っ越しの準備など、いろいろなことを始めているという。

「先生の本を読んで、算命学だったらどんな結果が出るんだろうと思って聞いただけです。心配してくださって、ありがとうございます」

半田さんからの最後のメールには、そう書かれていた。

そのあと半田さんと義母がどうなったのか、もちろん私には、分からない。

叫ぶ女

結婚運の悪い宿命というものは、他にもある。
いろいろとある。
そんな宿命の一つが「両手に花」だ。
例えば——。

	貫索星	天堂星
禄存星	貫索星	禄存星
天馳星	車騎星	天禄星

この人体図（性格や適職、才能、人間関係などを見るときに用いる）の場合、自分自身の性格の半分前後をあらわすのは、真ん中の貫索星。

基本的に、マイペースでがんこ。自我の強い人、と見る。

そして、結婚というものを考えたときいささか気になるのが、主星の左右に同じ星（緑存星）があることだ。

俗に「両手に花」と呼ばれる。この人体図を持つ人の結婚生活が、波瀾万丈になりがちなことを暗示している。

私のお客さんにも、実際に苦労している人がいた。じつはこれは、現在二十代後半になる永瀬さんという女性の人体図だ。

現在は二度目の結婚をしているが、一度目の結婚はさんざんだったという。

初婚の相手と袂を分かったのは、五年前のことだ。

「六歳年上で、当時の私には大人に見えたんです。やさしかったし、財力もそこそこあった。占いでは、あまりいい相性ではないって言われたんですけど、そんなこと関係ないって思って」

夫——孝夫としよう——はアウトドア好きな男だった。休みになると趣味のキャンプに、永瀬さんを連れて方々へと出かけた。

「私、ほんとはあまりそういうことは好きじゃなくて。最初の頃はつきあっていましたけど、だんだん二人きりで行くのが面倒になってきて」

永瀬さんには、アウトドア好きの友人がいた。

谷口夫妻。

妻の理恵とは、高校時代からの友人である。永瀬さんと孝夫は、いつからか谷口夫妻と一緒にキャンプに出かけることが多くなった。

理恵からは「いい人と結婚できてよかったね」と何度も言われた。

切れ長の目もとが印象的な女性。

美人で聡明、性格も真面目な理恵は、永瀬さんの自慢の友達だった。そんな理恵に我がことのように喜ばれ、照れくさいながらもうれしかったという。

だが、どんなに愛しあって一緒になったカップルでも、いつまでも新婚前後の熱狂はつづかない。

やがて、夫とキャンプに出かける機会はめっきりなくなった。孝夫はアウトドア好きな仲間たちと、休日を楽しむことが増えた。

そんな暮らしが、一年もつづいた。

そんなとき、事件が起きた。

理恵が、自殺をした。

勤め先の人間関係がうまくいかず、心療内科に通うほどになっていたことは知っていた。

だが、まさか死を選ぶだなんて。

永瀬さんは友人の死を夫と悼んだ。妻を亡くして号泣する谷口の姿にも、胸がつまった。

それからほどなく。

今度は孝夫に、異変が起きた。左の肩が痛いというのである。

もともと肩凝りなほうではあった。永瀬さんはいつも、孝夫の肩に湿布を貼ってやったり、マッサージなどをしてやった。

しかしそのときは、痛がりかたが異常だった。

「痛みを訴え始めてから、三日目ぐらいだったと思います。夜、一度は床に就いたんですけど、痛い痛いってそれまで以上に騒ぎだして。頼むからちょっとほぐしてくれと言われて、心配になりながら肩を揉んでやることにしたんです」

孝夫は布団から起きあがった。

うめきながらパジャマと下着を脱ぎすてて、永瀬さんに背を向ける。

夫の左肩を見た。

絶句した。

一面の青あざ。

昨日まではなかったあざが広がっている。

しかも。

「私、思わず息を呑んでしまって。だってそのあざ、目を剥いて叫んでいる人の顔に見えたんです」

永瀬さんは当時を思いだし、声をふるわせた。

夫の肩に広がる痛々しいあざは、人の顔のようだった。

女に見える。

両手を口に当て、永瀬さんはこわごわと、さらにあざを見た。

今度は悲鳴が出た。

その顔は、理恵に見えた。

ボブ・ショートの髪型。繊細そうなフェイスライン。切れ長の目もと。

理恵が目を剥き、叫んでいる。

あり得ないほど、大きく口を開けて。

四白眼になって。

「それがきっかけでした。ようやく分かったんです。夫と理恵がW不倫をしていたことが。

理恵のお腹には、谷口さんとは血液型のあわない子供がいたらしいってことも。谷口さんも、まさか相手が私の夫だとは思わなかったらしいですけど」

孝夫と理恵は、双方の連れあいに完全に隠しとおしたまま、逢瀬を重ねたのだった。

友人の夫の甘言に籠絡《ろうらく》された理恵は、子供ができたと知るや手のひらを返したように冷酷になった愛人に絶望した。

もともと心を病んでいた。

そのせいもあり、お腹の子供を道連れに、あの世に旅立つ道を選んだ。

自分と別れたあと夫がどうなったのか、永瀬さんは分からないという。

奥の部屋

「あれは娘が小学生……たしか二年生ぐらいのときでした。だから、今から十年前ってことになりますね」

そう言って、娘さんとの思い出を話してくれたのは、萩田さん。

四十代の女性。

亡き夫が経営していた会社を引き継ぎ、忙しい毎日を送っている。

彼女もまた、ちょっと変わった能力を持っていた。

数年前からは、本業とは別に特殊な力を活かした活動を始め、カラーボトルやアロマオイルを使った魂レベルでのリーディング（読取）、お客さんのエネルギーを読み取ってのクリアリング（浄化）なども行っている。

ご先祖様やペットなど、亡くなった人や動物と顧客の仲介をし、彼ら彼女らのメッセージを伝えるようなこともするという。

これは、そんな萩田さんが聞かせてくれた怪異譚。

その頃、小学校低学年だった娘さん——夏美ちゃんとしておこう——は学校が終わると、自宅ではなく萩田さんが働く会社に立ち寄り、そこで時間を潰す毎日を送っていた。

若くして亡くなったご主人の意志を継ぎ、経営の仕事に忙殺されていた萩田さんが、遅くまで自宅に戻れなかったからである。

当時事務所で内勤スタッフとして働いていたのは、四人ほど。二階建ての古い路面店で、萩田さんの会社はその一階部分を専有していた。

夏美ちゃんの通う小学校からは、徒歩十五分ほどの距離である。

「事務所の一番奥に壁でしきられた部屋があって、そこが娘の遊び場になりました。遊び場と言っても大人たちは仕事をしていますし、静かにしていなくてはなりません。だから最初は、ネットにつないだPCでおとなしく漫画を見たりしていました」

夏美ちゃんの遊び場となった部屋の広さは四畳ほど。

萩田さんが専用の業務室として使っている部屋で、壁沿いにデスクがあり、そこにノートPCが置かれていた。

業務室には書類棚もあり、そこには大量の書類が保管されている。部屋の出入り口はアコーディオンカーテンでしきられていた。

やがて夏美ちゃんは、往年の人気お笑いグループにはまるようになった。

学校から帰ってくると奥の部屋にこもり、そのグループのコントをむさぼるように見る毎日。

小さな音で聞こえてくる夏美ちゃんの笑い声は、大人たちにとって、激務の合間につかの間味わえるいっときの癒やしになった。

ところが。

そんな平和な日々がつづいてほどなく、異変が起きた。

「いえ、異変と言ってもたいしたことではないんですよ。ただ明らかに、事務機器の調子が変なんです」

当時を思いだして萩田さんは言う。

例えばＦＡＸが思うように動かなかったり、ＰＣの動きがなぜだか異様に重くなったり。あるいは電話をかけている途中で、いきなりブツッと切れてしまったりすることも何度もあった。

「とにかく電波関係がスムーズにいかないんです。ネットの調子が悪いのかしらねなんてみんなと言いながら、それ以上深くは考えずに仕事をしていたんですけど」

ある日のこと。

萩田さんはふと気づき、仕事をしていた手を止めた。

奥の部屋に顔を向ける。

その日も夏美ちゃんは、すでに学校から帰っていた。

だがよく考えると、いつも小さく聞こえていたはずの、くすくすという笑い声がまったく聞こえない。

耳をすましても、部屋の中はしんとしたままだ。

「何をやっているの、あの子って、いきなり胸騒ぎがして。席を立って、部屋の前まで行ったんです」

部屋には夏美ちゃんが一人でこもっていた。アコーディオンカーテンはぴたりと閉じている。

萩田さんは、外から娘さんに声をかけた。

返事がない。

もう一度、呼んだ。

やはり返事がない。

ぞわり。

背筋に鳥肌が立った。いやな予感がする。萩田さんは取っ手に指をかけ、アコーディオンカーテンを乱暴に開いた。

夏美ちゃんはこちらに背を向け、いつものようにＰＣの画面に見入っていた。

だが、なぜだか部屋に明かりがない。

薄暗い中に、ＰＣの青白い明かりだけがぼうっと灯っていた。

そして。

ＰＣに見入る夏美ちゃんの周り。

おびただしい数の死霊たちが無表情で立ちつくしている。

パソコンの画面には、赤い瞳から血を流してうめく不気味な化け物がアップで映しだされていた。

「『何をしているの！』って反射的に怒鳴っていました。化け物たちをふり払わなくてはっていう思いもあって。そうしたら娘が我に返り、ハッとしてこちらを振り向きました」

赤い瞳が萩田さんを見た。

充血して赤いのではない。白目も黒目もなく、真っ赤なのだ。画面の中の化け物のように。

夏美ちゃんは血ではなく片目から――なぜだか片目だけから涙を流していた。

「私、パニックになってしまって。『鏡を見てみなさい！』ってまた怒鳴って。部屋の明かりをつけ、窓を全開にして霊たちを追い出しました」

夏美ちゃんは「何をしてたんだろ、あたし……」とおろおろしていたという。

萩田さんはため息をつき、認めざるを得なかった。この子にも、私と同じ血が流れていると。

事務所の機器がおかしかった原因にも、その日ようやく萩田さんは気づいた。

「それから数日経ってからでした。その頃交流のあった霊感霊視に強いスピリチュアルの先生が事務所に遊びに来てくれて。中を見るなり『ああ、悪い気が電気の配線にとぐろを巻いているよ』とおっしゃって、除霊みたいなことをしてくれました」

そのときもまた、事務所には夏美ちゃんがいた。

スピリチュアルの先生は夏美ちゃんを抱きあげ、キャーキャーとはしゃぐ彼女をからかってくすぐりながら「怖いものなんて見ちゃだめだ。コントを見ていっぱい笑いなさい」とリラックスさせてくれたという。

「多分ですけど、そのとき娘の霊能力にも、蓋みたいなものをしてくれたのかも知れません。『これで大丈夫』とおっしゃっていましたけど、それからはもう二度と、娘に変なことは起きなくなりました」

萩田さんはそう言った。

だが、そんな娘さんも今年十八歳。

幼いあの日に封印された霊能力が再び覚醒してきたかのような、不穏な気配を感じるつい最近の成長ぶりだという。

「仕方ないんですけどね。親子ですから」

萩田さんはそうつぶやき、苦い笑いをフッとこぼした。

神がかり

風間さんは、四十代半ば。

東北地方のある都市で暮らす、現役の看護師さんだ。

今から十五年ほど前の話だという。

「その頃私はまだ結婚をする前で、ある大学病院に勤めていました。そこに内藤先生という耳鼻科のドクターがいらっしゃったんですけど……」

内藤医師は大学病院の勤務医だった。

週に一度、郊外にある中規模クラスの病院外来にアルバイトに行っていた。

ある週末。

身なりの美しい、いかにも上品そうな妙齢の人妻が診察室に入ってきた。

数日前に、めまいや倦怠感をおぼえて別の医師の診察を受けたものの、処方された薬の効きがあまりよくないと訴えた。

「ドクターは、更年期かなあ、それとも単なる風邪か……などとあたりをつけながら診察をされたそうです。そして『お薬を変えて、もう少し様子を見てみましょうか』って、その女性に言おうとしたらしいんですね。ところが」

内藤医師の口から出た言葉は、本人ですら驚くものだった。

――あのー、お酒はどれくらい召し上がりますか。

質問をしてから、内藤医師も「おいおい。俺はいったい何を聞いているんだ」と思ったという。

まさか自分がそんな問いかけをしようとは思ってもいなかったそうだ。

しかし、これが思いがけない展開を呼んだ。上品な婦人は、恥ずかしそうにしながらも、

――そうですね。どうかしら。大体ビールからはじまって、その後ワインを必ず一本ほど。あとはウイスキーを、気分が乗れば、ボトル一本ぐらいは……。

「彼女がすべて言い終わる前に『アルコール依存症だ！』とすぐにピンときたそうです。くわしく調べてみたら、大正解でした」

内藤医師は、ふだん女性患者には飲酒のことはあまり尋ねないという。

ドクターは首をひねりながら、診察室にいた看護師に「なんで俺、あんな質問をしたんだろう」と聞いたそうだ。

看護師が「知りませんよ、そんなの」と笑いながら答えたのは言うまでもない。

そして、同じ日。

その日最後の外来患者が診察室に来た。

とても快活そうな男性だった。

「『いやあ、たいしたことはないんだけどさ。ときどき頭が痛いんだよね。一応、念のために診てもらおうかと思って』と、患者さんは言ったそうです」

実際に診察をしても、大きな問題はなさそうだった。

だが、何かがひっかかる。

内藤医師は、一人、考えこんだ。

もうすぐ正午。

病院の外来が終わる時間である。早く診察を終えなければ、スタッフたちに迷惑がかかる。

――それじゃ、CTを撮りましょうか。

逡巡していた内藤医師は、自分の口から勝手に出た言葉に、またしても仰天した。

「CTって、電源を入れるだけでお金も時間もかかるんです。しかも土曜の昼です。そもそもその日は電源も入れていなかったそうで、スタッフたちは、そろそろ帰ろうかななんて、もう完全に帰宅モード。そんなところに、一介のバイト医者が『これから一人、CTお願い』なんてなかなか言えません。でも言っちゃったんだそうです、内藤先生」

案の定、検査技師たちは露骨にいやな顔をした。

ところが、うんざりした様子のスタッフたちに残業をさせた結果、患者に脳腫瘍が見つかった。

「先生、興奮して話してくれました。『放置したら絶対にヤバいタイプでさ。病院はもう大騒ぎよ。午後から緊急手術。先生すごい、自覚症状だってほとんどないのに、どうやって見つけたんですかって、みんなに手のひら返されたよ』って笑っていました」

内藤医師は、キリスト教徒だった。

神様が私に言わせたのかな、などとおどけつつ、

――長いこと医者なんてやっているとさ。たまにこういうことが起きるんだよ。

自分でも不思議そうに笑っていたという。

よっちゃん、遊ぼう

S県で暮らす浜岡義治さん。七十七歳。

私のお客さんが、浜岡さんの息子にとついだお嫁さんだったことから、縁がつながった。

「三年前に七十九歳で亡くなった兄貴……友作って言うんだけど、その一周忌に参列しようと思って女房とQ県まで行ったんだよ。生まれ故郷。義姉さんと甥っ子夫婦が暮らしている家に、泊めてもらうことになっていてね」

浜岡さんは、三人兄弟の末っ子だった。幼い時分から仲のいい兄弟。特に次男の友作とは、ずっと頻繁に交流をしてきた。

長兄の昌吉は、友作の隣の市で家族たちと暮らしていた。

亡き友作兄の家までは、高速道路を使って車で四時間ほど。浜岡さんはスムーズに運転をこなし、Q県にある亡兄の自宅に到着した。

ところが、奇妙なことが起きた。

「着いたのは日が暮れかける頃だったかな。義姉さんも甥っ子夫婦も歓待してくれたんだけどさ。何か俺、急に調子がおかしくなっちゃって」

蒸し暑い初夏の宵だった。

汗ばむほどの陽気だったのに、寒くて寒くてたまらない。

熱をはかると、四十度近くもあった。意識が朦朧としてくる。これはたいへんだということになった。

救急車が呼ばれ、あれよあれよという間に救急病院に搬送された。病室は二人部屋だったが、もう一つのベッドは空だった。

「熱がひどくてよくおぼえていないんだけど、とにかくどうしちゃったんだろう俺って感じだったよね。点滴の針を刺されたり、酸素マスクをつけられたり……医者やら看護師やらが入れ替わり立ち替わり視界に入ってきたことはおぼえてるんだけど、何か、入院した晩の記憶は曖昧でね」

ぼんやりとおぼえているのは、急患がもう一人運ばれてきたこと。

だが、ベッド同士は白いカーテンでしきられているし、それより何より、他人のことに構っていられる余裕はない。

「いつの間にか意識を失ってしまったらしいんだよね。熱くて、苦しくて、ずっとうなっていたことはたしかなんだけど……」

いったい、どれぐらい眠ったのだったか。

目をさますと、部屋の中は真っ暗だった。ずいぶん楽になっていた。どうやら熱が下がったようだ。浜岡さんは安堵した。

今何時だ。時間が気になった。

何か時刻が分かるものはないだろうか。顔を、横に向けた。

女の子がいた。

浜岡さんはギクッとした。年のころは、五歳ぐらい。おかっぱ頭の見知らぬ少女が、ベッドの脇に立ってこちらを見下ろしている。

——よっちゃん。

少女は言った。

あどけない声だった。にこやかに笑っている。

——よっちゃん、遊ぼう。

少女は身を乗りだし、浜岡さんの手を握った。ちなみによっちゃんというのは、幼い頃の浜岡さんの愛称だ。

誰？

そう聞きたかった。だが、聞こうとしても声にならない。ただ、なぜだか浜岡さんは、その子に腕を引っぱられるのがいやではなかった。

おかっぱ頭の女の子は、白いシャツ。丈の短いスカートを穿いている。少女に引っぱられ、浜岡さんは布団を剥ぐと、ベッドから降りた。

——こっちだよ、こっち。

少女は笑いながら、浜岡さんを引っぱって走ろうとする。だが、こちらは足がもつれてしまい、とてもではないが走れない。

入り口に向かって、よたよたと歩く。

ところが、歩いても歩いても、なかなか扉にたどり着けない。

すぐそこに見えているというのに。自分たちが進めば、扉は後退するかのように、なかなか距離が縮まない。

——よっちゃん。早く、早く。

しかし、少女はなおも上機嫌だ。ふらつく浜岡さんを引っ立て、うれしくて仕方がないという様子で、扉に近づこうとする。

やがて、ようやく二人は扉まで来た。少女が扉の取っ手をつかむ。小さな身体を目いっぱい使って、それを横にスライドさせた。

川があった。

見たこともない、大きな川だった。

だが、どうしてこんなところに川がとも、浜岡さんは思わなかったという。

――よっちゃん、泳ごう。こっちこっち。

少女は両手で浜岡さんを引っぱった。川に入ろうとする。

浜岡さんはちょっぴりとまどったものの、それも悪くないかと思い直した。何よりも、少女がそれで喜ぶのならいいかと考えた。

少女が川に入った。手を引っぱられる。

浜岡さんも、少女につづいて川の水に片足を入れようとした。

そのときだった。

「誰かが後ろから怒鳴ったんだよ。こらってさ。ギクッとして振り返ったら、兄貴がいた」

浜岡さんは言う。

怒鳴ったのは、一年前に逝去した浜岡さんの兄、友作だった。晩年の印象より、ずいぶん若く見えた。精悍《せいかん》でもあった。

友作はつかつかと近づくと、少女の小さな手を取り、乱暴に川から引っ張りあげた。

「俺から離れたところにその子を連れていってさ。何かしきりに説教してるんだよ。その内、そのおかっぱの子、泣きだしちゃってさ」

両手を目に当て、身も世もなく号泣する。もういいじゃないかと、浜岡さんは間に入ろうとした。

すると。

場面がいきなり変わった。浜岡さんは友作と、一番の上の兄である昌吉と三人で、にぎやかに酒を酌みかわしていた。

老朽化した、古民家のような日本家屋の一間。流れている時間は、確実に昭和だった。

自分が生まれ育った家だということに、浜岡さんは気づいた。

兄の友作は、酒が好きだった。兄弟の中では一番短躯で痩せてもいたが、酒の強さだけは、兄も弟も寄せつけない。

懐かしい顔つき。酔っぱらっていた。楽しそうだった。

やがて友作は、珍妙な舞いを披露し始めた。滑稽だった。長兄の昌吉が笑いながらそれに続いた。仕方なく浜岡さんも、二人に倣った。

笑いながら踊った。

みんなで笑った。何だかとても愉快だった。

そして、笑いながら目をさますと。

夜が明けていた。

「そうしたらさ。誰かがカーテンの隙間から、じっと俺のことを見ているの。俺ドキッとしてさ。よくよく見たら、驚いたね」

覗いていたのは、長兄の昌吉だった。

浜岡さんと同じ、患者用のパジャマを着ている。

「前の晩に、俺につづいて入院してきた患者がいたって話したろう。そいつが、昌吉兄貴だったらしいんだよ。いきなりひどい腰痛になって動けなくなったんだって。あわてた義姉さんが救急車を呼んだら、俺と同じ病院にかつぎこまれたってわけ」

しかも、同じ病室に――。

あり得ないよねと、浜岡さんは笑う。

人口二十五万の地方都市。別々の場所で暮らしていた兄弟が、同じ晩、同じ病院の同じ病室に鉢合わせをする確率とは、いったいどれぐらいのものだろう。

その上浜岡さんは、その日この街に戻ってきたばかり。兄のほうは隣の市に住んでいる。

「あとで調べたら、急患を受け入れる救急病院って、市内に七、八箇所あったんだよ。しかも昌吉兄は二つの病院に断られて、ようやく受け入れてくれたのが、そこだったんだって」

兄の昌吉が、わざわざカーテンを開けて覗きこんだのには、もちろん理由があった。

隣のベッドで眠る男が、

――兄貴。こら、友作。友作。

笑いながら、寝言を言っていたからだ。

どこかで聞いた声でもあった。まさかと思って覗いたら、案の定弟がそこにいたというわけだ。

「昌吉兄も俺も、もう身体は何ともないの。夕べのあの急変は、いったいなんだったんだって話になってさ」

しかも、再会の挨拶もそこそこに話をしてみると、昌吉もまた、おかっぱ頭の女の子に川へと引きずりこまれそうになったという。

そして同じように友作に助けられ、気づけば懐かしい生家で酒盛りをしていたというではないか。

誰なんだろうな、あの子。

浜岡さんはそう言って首をひねった。すると昌吉は言った。

――康子だ。友作が怒鳴ってた。こら、康子、ばかって。

康子。

その名を聞いて、浜岡さんは得心した。

五歳だか六歳だかのときに病気で死んだ、友作にとっては妹、浜岡さんにとっては姉に当たる女性である。

「俺と昌吉兄を病院に呼んだのが、康子姉なのか友作兄なのかは分からない。でもさ、何か……何か、楽しかったんだよ。うん、楽しかった」

浜岡さんは、電話口でそう言った。

兄弟そろって無事に退院し、友作の一周忌には、何事もなかったかのように参列できたという。


ちなみに、このエピソードにはもう一つ逸話がある。

浜岡さんが突然入院したことで、友作の家族と浜岡さんの妻も、深夜までバタバタさせられた。

浜岡さんの義姉と妻が家に戻ってきたのは、時刻が翌日へと変わりかけた頃。

もちろん甥っ子夫婦は、寝ないで待っていた。全員が床に就いたのは、ずいぶん遅かったという。

セレモニーセンターで行われる一周忌は、十一時頃から行われる予定だった。

それなのに、誰も起きられない。全員が寝すごしそうになった。

「そしたらね。いきなり目覚まし時計が鳴り始めたんだって」

浜岡さんは言う。

「甥っ子が気づいて止めようとしたら、どこで鳴っているのか分からないっていうんだ。どこだどこだってことになって。結局その時計、二階の納戸の中で鳴っていたんだよ。兄貴が生きていた頃愛用していた、目覚まし時計だったんだってさ」

その時計がそんなふうに鳴ったのは、あとにも先にもそのときだけだった。

――おまえたち、俺の一周忌なのに寝坊してどうする。起きろ、起きろ。

もしかしたら友作は、そんな文句を言いながら、みんなをたたき起こしたのかもしれない。

大好きだった兄弟と酒を酌みかわし、愉快に躍った一晩の高揚感に包まれながら。

墓殺格の女

「お花の教室で知りあったんです。とにかく、けた違いのお金持ちでした。もう十年近く前のことですけど」

話を聞かせてくれたのは、中部地方の某県で暮らす漆原さん。

四十代の女性である。

縁あって占いをし、鑑定が終わったあとも交流をつづけていた。

漆原さんは音楽家である。

歳の離れたご主人と幸せに暮らしている。

ピアニストとして長いこと、高級クラブで仕事をしてきた。そのせいもあり、上流階級の人々の生態についてはかなりくわしい。

そんな彼女が忘れられないのが、活け花の教室で知りあったというある有閑マダムだった。当時その人は、六十代にならんとしていた。

名は、須崎さんとする。

着物の似合う清楚な美熟女。

上品な雰囲気を持つ女性だったそうだ。

「着物を着ていることが多かったんですけど、身につけているものから何から、ハイブランドの女性でした。かなりのお金持ちだって、すぐに分かりましたよ。それなのに、なぜかとってもケチな人でもありました」

漆原さんと須崎さんが交流するようになったのは、お茶でもどうかと誘われたことがきっかけだった。

教室で、師匠と漆原さんの会話を聞いていたらしい須崎さんは「仲がいいのね、ご主人と」とうらやましそうに言ってきた。

何かありそうだと、漆原さんはピンと来た。

「お嬢さんが二人に、息子さんがお一人。みなさん優秀なお子さんばかりで、出身大学はT大だ、W大だ、アメリカのM工科大学だって、それはうれしそうに話を聞かせてくれました。そういうときは、ほんとに柔和な顔になるんです。もともときれいな人なので、同性の私が見ても素敵だなって思いましたよ」

だがそれでも、やはり極端な吝嗇家《りんしょくか》。

コーヒー一杯の代金さえしぶった。

上級顧客の会員なら、無料でお茶が飲める百貨店内のサロンに出向き、ようやくそこでくつろぐような人だった。

ただ、子供たちにだけは惜しげもなく大金を使う。

人もうらやむ暮らしをさせた。

そして――。

「お子さんのことだと、幸せそうにニコニコと話をする須崎さんでしたけど、話が旦那さんのことになると、やっぱり表情は一変しました。私が思った通りでした」

こうして漆原さんは、教室の帰りに二人きりで、須崎さんと話をするようになった。

そんな交流がしばらくつづいたある日。

相談があると誘われた。

「その日でしたね。須崎さんのお家の事情を、かなりディープな部分まで初めて打ちあけられたのは」

当時を思いだし、漆原さんは言う。

「最初から、旦那さんの影がまったくない人だと感じていたので、驚きはしませんでした。でもやっぱり、うまくいっていないようでした。もう長いこと、ずっと別居生活。旦那さんは若い愛人と、別の高級マンションで暮らしていました」

しかも、と漆原さんは言った。

「じつは須崎さんのご主人。かなり有名なかただったんです」

どういう方面の有名人だったか、詳細を書くことはひかえる。だが、聞く人が聞けば「えっ」と驚く人物であることは事実である。

「あいつがもう十何年も浮気していてって、涙ながらに話すんですね、須崎さん。思わず同情してしまったぐらい、それはもうせつせつと」

須崎さんは涙ながらに、ようやく子供たちも巣立ったことだし、離婚訴訟を起こそうと考えていると漆原さんに告げた。

そこで、もしもいい弁護士を知っていたら紹介してほしいというのが、彼女の用件だった。

漆原さんのご主人は、有名企業の代表取締役を勤める財界人。その人脈を期待してのことだったようだ。

「どうしようと、正直迷いました。憎めないキャラクターで、かわいいところもあるんですけど、旦那さんのことになると異常なぐらい、人が変わったようになる……あまり深く関わらないほうがいいんじゃないかと思う気持ちのほうが強かった。夫にも迷惑をかけたくありませんでしたし」

だが結果的に、漆原さんは須崎さんに押しきられた。

夫との橋渡しをした。

須崎さんの境遇を不憫《ふびん》に感じた漆原さんの夫は、こころよく知己の弁護士を彼女に紹介したという。

こうして、須崎さんの裁判の日々が始まった。

だが不貞を働く夫に執着し、憎悪をつづける須崎さんの感情は、裁判中もさらにエスカレートしていった。

家にじっとしていられず、人づてに聞いた縁切り効果が高いという仏さまに、日参するようになった。

すがったのは、荼枳尼天《だきにてん》だった。

日本で信仰を集める神仏の中でも、特に強い霊験を持つ仏さま。

眷属《けんぞく》としてキツネを従えていた。

明治政府が神仏分離政策を実施するまでは、お稲荷様のご本体として全国各地に祀られていた仏教の護法神である。

須崎さんは、この荼枳尼天にのめりこんだ。

住んでいた家から電車を乗り継いでほどない場所に、この仏さまをお祀りする霊験あらたかな寺院があった。

地元では、縁切り寺として有名だった。

そこに通った。

くる日もくる日も、時間があれば寺に赴き、黒い願いを書きこんだ絵馬を奉納し続けた。

絵馬にはいつも——。

死ね。

死んでくれ。

そう書いた。

死ね死ね死ね。

死んでくれ死んでくれ死んでくれ。

死ね死ね死ね死ね死ね。

死んでくれ死んでくれ死んでくれ死んでくれ死んでくれ。

死ね死ね死ね死ね死ね死ね死ね死ね死ね死ね。

死んでくれ死んでくれ死んでくれ死んでくれ死んでくれ死んでくれ。

死ね死ね死んでくれ死んでくれ死ね死ね死ね死ね死んでくれ死んでくれ死ん

でくれ死ね死ね死ね死ね死ね死ね死ね死ね死ね死ね死んでくれ死んでくれ死んでくれ死んでくれ死んでくれ死んでくれ。

呪詛の言葉を書きつらね、どす黒い感情をぶつけ続けた。ついには夫や愛人の写真まで絵馬に貼るようになった。

ときにはそんな絵馬を写真に撮り、嬉々として漆原さんに送ってくることもあったようだ。

夫や愛人の写真を貼った絵馬には、すさまじい数の画鋲が刺さっていたという。

「私もう恐ろしくなってしまって。次第に須崎さんとの距離は遠のいていきました。まともな神経ではつきあえません。明らかに、どんどんおかしくなっていきましたから」

結局、須崎さんは二年もの間、荼枳尼天に祈りを捧げた。そのほとんどの時期は、裁判の期間とだぶっていた。

やがて、縁切り裁判はようやく終わった。その結果、須崎さんは一般人が目を剥くような莫大な金額を、憎む夫からむしりとった。

それでもなお、縁切り寺に通い続けた。画鋲で夫と愛人を刺しつらぬく、不気味な絵馬をさらに何十枚も奉納した。

そして、判決から三か月後。

夫は自殺した。

自殺の方法は、ここでは書かない。世間に対しては自死の事実は完全に伏せられた。有名人である彼の死は、深い悲しみとともに厳粛に公表された。

須崎さんの呪いの日々は、見事に成就されたのである。

「その頃はもう、彼女との交流は完全になくなっていました。ですからこれは、須崎さんと親交のあった、共通の知人から聞いた話です」

漆原さんはそう言って、呪いの物語の後日談を聞かせてくれた。

夫を呪い殺した須崎さんは、上機嫌な日々を過ごしていたという。

不仲で裁判にまでもつれこんだとはいえ、仮にも夫が死んだのだ。周囲の人々は、その事実とは裏腹に浮かれる須崎さんに薄気味悪いものをおぼえながらも、触らぬ神に祟りなしとばかりに彼女と交流をした。

須崎さんは、我が世の春を謳歌するかのようだった。

ところが、夫が死を選んでから数か月後。いきなり須崎さんを病魔が襲った。

着物が似合う色白の、美しい人だった。

そんな彼女の清楚な美貌に、あるとき一気に、赤い斑点が噴きだした。須崎さんの顔は正視に耐えない、グロテスクなものになったという。

痛々しさを感じさせる赤い水ぶくれが、顔中いたるところにボコボコと盛りあがった。

水ぶくれは、瞼を冒した。

鼻を冒した。

唇を冒した。

顔の形が、完全に変わった。

須崎さんは別人になった。

「帯状疱疹だったようです。しかも顔だけ。ほんとに顔だけなんです。そんなことってありますか。発病してから数か月、顔だけに発生した異様な帯状疱疹に、彼女、七転八倒したんです」

帯状疱疹は、とんでもない痛みも伴う。

目の中。

耳の中。

鼻の中。

口の中――。

顔中に張りめぐらされた神経という神経が痛みを放ち、四十度もの高熱がつづくことさえあったという。

そんな日々が、百日以上も須崎さんを襲った。

須崎さんの体重は十キロも落ち、やつれきった老婆へと変わった。

「共通の知人が言いました。『多分、おキツネ様にちゃんとお礼をしていなかったわね、あの人。何しろケチだから』」

その言葉に、漆原さんもうなずくしかなかった。

「欲しくて言っているんじゃないんです。でも正直、私の夫だって彼女のために、忙しい中あれこれと奔走してサポートをしてくれました」

漆原さんは言う。

「それなのに、裁判が終わっても菓子折り一つ送ってくるでもない。それどころか、電話一本かかってもきませんでした、そういう人なので、知人の言っていることもとてもよく分かりました」

本来なら、提灯の三十張りや四十張り、寄贈してもよいぐらいのことを、荼枳尼天様はしてくださったのではないかと漆原さんは言う。

「もっとも、そういうところがあの人らしいと言えば、あの人らしいんですけどね」

漆原さんは、ため息交じりに苦笑した。

ちなみに、漆原さんは須崎さんの生年月日も知っていた。

命式をひもといた私は、彼女が墓殺格という宿命であることを知った。

墓殺格。

経済的には恵まれるものの、精神的安定を得ることが難しい人生。

健康運も、決してよくはない。

つまり、金はあるが真の幸福は、なかなか得にくい皮肉な宿命。

極端に不安定な精神を持てあまし、おのれの人生を彷徨《ほうこう》し続ける――それが、須崎さんの持つ墓殺格である。

ちなみに墓殺格には、こんな暗示もある。

――人生の最後には、墓にも入れないような死にかたをする。

私がゾッとしたことは、言うまでもない。

凍子

誰にでも因縁の相手がいる。

怨敵、と言ってもいい。

だがこれが、強いパワーを持つ霊能者同士になると、ことはかなり厄介で、スケールも並はずれたものになる。

藍子さんは、祈祷師兼占い師。真言宗の密教行者。

前著でも、怖い話をうかがった。

ある電話占いサイトで鑑定をしている。

人気ランキングは、常に上位。

厳しい修行とたしかな能力に裏打ちされた的確なアドバイスは、多くのお客さんを開運へとみちびいている。

そんな藍子さんにも、怨敵がいた。

同じ電話占いサイトで鑑定活動をする尼僧。

名は、凍子としておこう。

そのサイトで活動を始めたのは、藍子さんのほうが早かった。遅れて活動を始めた凍子は、あるとき藍子さんに電話をかけてきた。

凍子は、自分も似たような術を使って鑑定や祈祷をする真言宗系の占い師なのだがと自己紹介をした上で、藍子さんにこう言った。

――私はこのサイト、まだ始めたばかりでよく分かっていないんです。でも、あなたの顔写真と名前を見たとき、あれ、どこかで会ったことがあると思って。いったいどんな人なのか、話してみたくなって連絡をしました。

「そんな凍子の話を聞きながら、同じように私も思いました。『この声、どこかで聞いたことがある。私、この人を知っている』」

互いにそんな胸騒ぎを感じながら、電話でのやりとりが何回かつづいた。

そして。

やがて二人はお互いに、相手が誰なのか、ついに思いいたった。

一言で言うなら、因縁の宿敵。

今までに二度、二人は相まみえていた（正確には三度だが、そのうち一度は同じ時代を生きながらも、結局直接対決にはいたらず互いに早世しているため、ここでは書かない）。

最初の出逢いは、今から約一八〇〇年前。

藍子さんと凍子は、共に卑弥呼の下で働く鬼道の術士だったという。

「卑弥呼自身も鬼道を使う術士でした。術を使っていろいろな人を動かし、国を統一して邪馬台国を作りました。私と凍子は、そんな卑弥呼にいろいろと学びながら、彼女と一緒に活動をしていました」

藍子さんと凍子は、共に名うての術士として切磋琢磨し、競いあった。

そんなあるとき、二人は勝負をすることになった。

どちらがこの世に、雨の恵みをもたらすことに成功できるか。

折からの旱魃《かんばつ》で、国は長いこと水不足に見舞われていた。

しっかりと雨を降らせられるかどうかは、農耕に従事する者たちはもちろん、すべての人々にとって重大な関心事だ。

ルールは簡単である。

与えられた十日間の間に、必要十分な量の雨を降らせること。

最初に挑んだのは凍子だった。

なお、言うまでもなくその時代時代で、藍子さんも凍子も名前は変わっているが、ここでは混乱を避けるため、すべて現代と同じ名前で進める。

凍子は術を使い、雨乞いをした。

失敗した。

彼女は干からびた大地に、一滴たりとも雨を落とすことができなかった。

つづいて、藍子さんが挑んだ。

八日目までは何もなかった。

だが九日目。

雨が降り始めた。

土砂降りになった。

大地は潤い、農作物は息を吹き返し、誰もが歓喜の声をあげた。

ただ一人、悔しさに歯噛みする凍子を除いて。

「文字どおり、命を賭けた戦いでしたからね。負けたほうは死を選ばなければならなかったんです。凍子は私を恨みながら自らに術をかけ、亡くなりました」

死ぬ直前。

凍子は藍子さんに、こんなメッセージを残していった。

――おぼえておくがいい。このつづきは来世に持ち越されたと思え。次は絶対に負けぬ。

必ずおまえの命を奪う。

藍子さんはそんな怨嗟《えんさ》のメッセージを受け取り、長い戦いになりそうだと、ひそかにため息をついたという。

そして二度目の戦いは、それから約千四百年後――。

一六〇〇年代に舞台を移して始まった。

ときは、江戸時代初期。

まだ吉原もない時代だったが、当時人気を集めていた江戸市中の遊郭では、いずれ劣らぬ美しさと華やかさ、花魁としての才覚に恵まれたA太夫とB太夫がしのぎを削り、覇権を競いあっていた。

そんな遊郭に、藍子さんと凍子も身売りをされてやってきた。

「どちらも貧しい寺の生まれで、二人とも、奇遇なことにそのときも真言宗でした」

またしても、共に不思議な術の使える環境に育った。

そして藍子さんはA太夫、凍子はB太夫の側近になり、花魁兼術士として身過ぎ世過ぎを開始した。

お互いに、相手が前世からの宿敵だということにはすぐに気づいた。

記憶もよみがえった。

藍子さんは凍子の存在を意識し、また凍子は藍子さんを意識する。

「そうしながら、自分が仕える太夫や自分自身のために術を駆使し、敵より一人でも多くのお客さんを囲いこむための戦いの日々に明け暮れました。ところが」

やがて、思いがけないことが起きる。

あろうことか、藍子さんが一人の男に骨抜きにされてしまったのである。

その結果、どんなに術を使おうとしても、A太夫にも自分にも、まったく客が取れなくなった。

男は、二枚目の旅芸人だった。

男と恋に落ち、思うように術が使えなくなった藍子さんは、やがてその旅役者にあっけなく捨てられ、すべてが凍子の奸計のせいだったと知ることになる。

凍子は藍子さんに術を使って旅役者に惚れさせ、とことん貢がせるようしむけたのである。

そのことに気づいたときには、あとの祭りだった。花魁だった藍子さんは自害する道を選び、二度目の勝負はこうして終わった。

享年二十五歳だった。

ちなみに凍子のほうは、その後裕福な庄屋の旦那に水揚げをされ、幸せな暮らしをして寿命をまっとうしたという。

「そして、そんな因縁を背負って、いよいよ現代での戦いが始まりました」

藍子さんは重苦しい口調でそう言った。

ある電話占いサイトを主戦場とした二人のバトルは、サイト内での順位争いという形で火ぶたを切った。

藍子さんも凍子もランキング上位の常連となり、互いに相手を意識せざるを得ない日々が始まった。

だが藍子さんには、凍子について気になることがあった。

互いの素性に気づかないまま何度か電話で話をしたとき、凍子は「自分はこういう形でご祈祷をします」と、実際に術を披露してみせたが——。

「こう言ってはなんですが、本当の術ではないと感じました。不動明王様を使ってはいますが、邪道な使い方とでも言うか。お客さんに対しても、あげ鑑定ばかりしている感じがして、ちょっと違うのではないかと思ったんです」

あげ鑑定とは、相談者にとって都合のよい、耳に心地よいことばかりを言う鑑定のことだ。

一方、藍子さんの信条は、たとえ耳に痛いことでも、言わなければならないことはしっかりと伝えなければならない。それこそがお客様のため、というものだった。

そんな二人の激突は、ついにあるお客さんのトラブルを介して明確になった。

四十過ぎのある女性が、妻子持ちの男性と恋に落ちた。

しかも、子供までできてしまった。

女性の名は、Cさんとする。

Cさんは、出産にはギリギリの年齢で好きな男の子供を身籠もったせいもあり、どうしても彼と結婚したいのだが、何とかなるかと凍子に相談をした。

妊娠三か月にならんとする頃だった。

凍子は「大丈夫。何とかなる」と太鼓判を押した。

そして密教の術を使い、不倫相手の男とその妻を本当に別れさせ、Cさんが彼と一緒になれる術をかけた。

その結果、本当に男は離婚をした。凍子は何の罪もない奥さんに、惨めな思いをさせる手段を採ったのである。

ことは、凍子が画策した通り、順調に運ぶかに見えた。

ところが、不動明王がそれを許さなかった。密教の教えに反する邪道な形でことを成就させようとする凍子に、待ったをかけた。

不倫相手の男はCさんを裏切り、別の女性のもとに走った。

そして、Cさんは流産しかけた。

安静にしていたら無事に産めたかもしれない。だが思わぬ状況におちいって心を病み、ボロボロになって入院をした。

「『どうしますか、産みますか』と産婦人科の医師に気持ちをたしかめられ『何があっても絶対に産みます』とは言えなかったそうです。Cさんは悩みに悩んだ末、身籠もった子供を堕ろす道を選びました」

妊娠五か月のことだったという。

Cさんは凍子に抗議をした。彼女の言葉を信じて準備を進めていただけに、ショックは大きかった。

だが凍子は、自身の非を決して認めようとはしなかった。

くやしい。

くやしい。くやしい。くやしい。

Cさんは病院のベッドで泣き濡れた。自分を裏切った男も許せなかったが、調子のいいことを言って自分をその気にさせた占い師も許し難い。

復讐がしたかった。

しかし、さまざまな占い師を頼ったものの、その誰もに断られた。

そして、Cさんはついに、藍子さんにたどり着いた。

「どうしても凍子先生に一矢報いたい、助けてくださいと泣いて訴えるんです。毎日のように。でも私としては『ごめんなさい。私にはできません』と言うしかありません。とにかく、しっかりと水子供養をしてあげたのと、どうも凍子が彼女にかけたらしい呪いを解くための呪詛返しをしてあげました」

泣いて文句を言うCさんに辟易《へきえき》したらしい凍子は、彼女が寝たきりになり、二度と社会に復帰できなくなるよう禁断の術を使っていた。

ところが、それに気づいた藍子さんが呪いを解いてしまったがために、Cさんは時期が来ると元気になり、無事に退院をした。

これが、凍子の逆鱗に触れた。前世からの因縁もあり、いよいよ藍子さんへの、なりふりかまわぬ攻撃が始まった。

「あるとき、ふつうに歩いていたら、後ろから背中をポンポンとたたかれた気がしました。振り返ろうとすると、背中を刀みたいなものでバシュッと斬られる感覚が走り、焼けるような痛みが広がりました」

えっ誰、と思って振り返り、周囲を見たが誰もいない。

だが藍子さんは、すぐに「凍子しかいない」と確信した。

家に帰り、背中をたしかめた。そこにはしっかりと刃物で斬られた痕があった。

仕方がない。

もはや、背に腹は代えられなかった。

藍子さんは「やめてください」と凍子に向けて波動を送り、やむなく呪詛返しの技を使った。

それは強烈なものだった。

凍子は高熱を出した。一週間も寝こみ、鑑定にならなかった。

凍子の怒りに、さらにどす黒い狂気が増した。

ある日のこと。

藍子さんが家の中を移動していると、突然誰かに、力任せに押したおされた。

驚いて首を向けた藍子さんは、たしかにそこに凍子の姿を見たという。

「とうとう幽体離脱までして、私を襲いに来たんです。すごい力で腹這いにさせられて。見ると、凍子の手にはしっかりと短剣が握られていました」

鈍い痛みが、顔に走った。

何度も。何度も。何度も。

凍子は短剣の柄の部分で、繰り返し藍子さんの顔を殴った。

殺される。

藍子さんは恐怖におののいた。

そして。

ついに凍子は短剣を持ちなおし、肩までそれを振りかぶっては——。

グサッ。

——あああ。

ズブッ、グサッ。

——ああああああ。

グチョッ。

何度も刃を藍子さんの顔面に突きたてては、呪詛の言葉を脳の中に注ぎこんだ。藍子さんは繰り返し刃で顔を刺され、とうとう意識が朦朧《もうろう》とし始めた。

だが、幸いにも、と言っていいのだろう。

とどめを刺すことまではできず、凍子はやがて、忽然とその場から姿を消した。

藍子さんの顔は、二目と見られないほど変形した。無残なまでに腫れ、いたるところに切り傷ができた。

転んでしまったと嘘をつき、いとこに病院に連れていってもらった。

治療を担当した医師は「どうしてこんなことに……」と驚き、不審がりながら、手当てをしてくれたという。

「お医者様の診断は全治二週間でした。少し休んだほうがいいとも言われましたが、鑑定をお休みしたりしたら、それこそ凍子の思うつぼだと思って。私は、意地でも鑑定をつづけました」

凍子にしてみれば、相当な致命傷を負わせたはずだった。

それなのに、何事もなかったかのように涼しい顔をして鑑定をつづける藍子さんに、凍子は怒り狂った。

やがて。

またしても藍子さんは恐怖の体験をすることになる。

「前回凍子がやってきてから、数日後のことでした。私は仕事場の机に座り、ＰＣに向かっていました。背中とか痛いのに無理して仕事をしていますから、つらくて仕方がありません。しんどいな、しんどいなと思いながら作業をしていると、急に電話がかかってきました。占いの師匠からでした」

忘れもしない、蒸し暑い夏の夜だった。

――藍子。よく聞きなさい。

電話に出ると、師は緊張した声で藍子さんに告げた。

――凍子がいる。

ささやくように、師は言った。

藍子さんは「えっ」と聞き返した。

緊張感に、身体がすくむ。

――落ちついて。今、おまえの後ろに凍子がいる。振り向いちゃだめだ。包丁を持って立っている。

藍子さんの師もまた、不思議な能力を持つ人だった。

真言宗の密教者。

人間ではあるものの、人間界と霊界の中間に生きている。何万人に一人、いるかいないかの存在だという。

そんな師は、弟子がピンチに見舞われていることに気づき、あわてて家の中を透視した。

そして藍子さんがとんでもない状況になっていることを知り、電話をかけてきたのである。

「いつもの私なら、凍子に気づけていたのかも知れません。でもそのときは集中力もなく、体力的にもギリギリで……まったく無防備だったんです」

どうしよう。

藍子さんはパニックになった。

師によれば、凍子は花柄のワンピースを着てすぐ後ろにいるという。

——いいか。これからそちらに氣を送る。私が「よし」と言うまで動いてはだめだ。いいね。

緊迫した声で、師は言った。

じりっ。

背後に、ようやく気配を感じる。

間違いない。

やはりいる。

凍子だ。

私は凍子以外、これほどの憎悪と狂気を向けてくる人を他に知らない。藍子さんはそう思った。

じりっ。

どす黒い気配が、また動いた。

鳥肌立つような殺気が、藍子さんの首筋を撫でる。

「耐えきれなくなって悲鳴をあげたくなったそのときでした。『よし、いいぞ』。電話の向こうで師が叫びました。私はようやく、はじかれたように振り返りました」

凍子がいた。

藍子さんに躍りかかるように包丁を振りあげ、何事か叫びながら静止している。

眼窩《がんか》から目玉が落ちそうなほど、両目を剥いていた。

師が言った通りの、花柄のワンピース姿。般若のような形相で藍子さんを睨み、目だけでなく、歯まで剥いている。

見るだけで背筋が凍る顔つきだった。

師がいなければ、今度こそ殺されていたのかもしれないと思ったという。

藍子さんは師との共同作業で、何とかその場から凍子を退散させた。だがまたいつなんどき、自分を殺そうとして現れないとも限らない。

「友人に、霊界から降りてきた神様が一人、いるんです。六十歳になる女性ですが、日本に三人ぐらいしかいない存在です。私は師匠とも相談し、その人の力を借りることにしました」

神様だという女性に頼んで張ってもらったのは、強烈な結界だった。

どんなに修業を積んだとしても、人間が張る結界には限界がある。ある程度すると少しずつ薄くなったり、亀裂が入ったりする。

だが、神様が張ってくれる結界は別次元だ。自分の魂にオーラをかけ、外結界、中結界というものを張ることができるのだそうである。

「仏さまって、後光が差しているとき、金色ともオレンジ色とも言えない色じゃないですか。正に、ああいう色なんです。ああいう色の光が、結界の中いっぱいに噴きだすように現れて。そんな結界を張ってもらえたことで、ようやく凍子は、私のところにくることができなくなりました」

だが、これで一段落というわけでは、もちろんなかった。

何とか今生で、凍子との因縁の対決を終わらせなければならない——そう考えた藍子さんは、密教行者の師僧にも協力を仰ぎ、解決に向けた様々な作業を、今日も黙々とこなしているという。

ユウジ

もう一つ、藍子さんから聞いた話。

江戸時代初期。

彼女が花魁として遊郭にいた話は、前のエピソードで書いた。

そのとき怨敵の奸計に乗せられ、二枚目の旅役者と恋に落ちて命を落とす羽目になったことも。

その旅役者。名を、優治郎左エ門という。

風貌は、昭和の昔にデビューし、あるヒット曲で人気者になった二枚目歌手と瓜二つだそうだ。

藍子さんはその歌手を、優治郎左エ門の生まれ変わりではないかと思っている。歌手とは現世で、ニアミスも果たしている。

そんな藍子さんの人生は、怨敵の凍子以外にも不思議な因縁にいろどられている。

小学校高学年の頃。

告白され、仲よくなった少年は、S田勇次。

中学時代。

同じ剣道部に所属し、交際をすることになったのは、O畑雄司。

高校時代。

交際を始め、二十歳の頃まで恋人同士だった青年の名が、Y田裕治。

まだまだある。

社会人になってつきあうことになった彼は、O川有次。今から数年前、告白をされたのがH瀬祐司。占い師になってから互いに惹かれあったものの、許されない恋の相手だったのが、同じ占い師のA城裕治。

ちなみに。

藍子さんが優治郎左エ門の生まれ変わりではないかと思っている歌手は、かつて一世を風靡《ふうび》した人気ドラマに出演していた。

そのときの役名も、なんと「ユウジ」である。

井戸

「あの。じつは私、白龍がついているんですけど。どうしてなのか、命式から分かったりしますかね」

私と若宮さんの交流は、そんな彼女の問い合わせから始まった。

若宮浩美さん。投資家だという。

四十歳をちょっと超えたばかり。セクシャルマイノリティであり、免疫系の難病を抱えながら生きている。

前著『算命学怪談』を上梓して以来、それまでにも増して、いろいろな人から奇妙な相談を受けるようになった。

だが若宮さんの話には、正直度肝を抜かれた。かなりとまどったことを、おぼえている。

若宮さんは、白龍と話ができる。その背に乗り、しがみつきながら空を飛んだこともあるという。

白龍の名は「天」という。

「最初はこの白龍、私の息子についているのかと思ったんです。妊娠をしているときに初めて見たので。息子を出産したときにも来てくれました。だから息子の守り神なのかなと思ったんですが、そうじゃなかった。どうやら私が生まれたときに、一緒についてきてくれたようなんです」

妊娠をする二年前。これから白龍と運命の邂逅を果たすことになるのだという、予兆めいた出来事があった。

その頃すでに他界していた祖父が、突然あらわれた。

右手に、青い服を着た人間の男の子、左手に、光る真っ白な男の子を伴っている。

——連れてきたよ。

幼児たちと手をつないだまま、祖父は笑った。ああ、私は男の子を二人さずかる宿命なんだな。若宮さんは思ったという。

「でも今にして思うのは、あのときの人間の子が、その後生まれてきた私の息子。白く光っていた子は『天』だったんじゃないかということです」

若宮さんは言う。

祖父は辰年生まれなので、名前には「たつ」という字が入っていた。そのことにも、不思議な因縁を若宮さんは感じた。

命式の詳細を記すことはひかえるが、彼女の日干支は「戊戌《ぼどのいぬ》」。十三個存在する、異常干支の一つである。

若宮さんもまた、異常干支の人だった。

白龍云々だけでなく、小さな頃から無数の怪異を体験している。

血筋、らしかった。

家族みんなが、奇妙な怪異とともにある。彼女が生まれ育ったのは、長い歴史を持つ旧家である。

こんな話を聞いて、怪談蒐集家でもある占い師が興味を示さないはずがない。

若宮さんとの長いやりとりが始まった。

メールにＬＩＮＥ。

何時間にもわたる音声データ。

映像データ。

さらにはグーグルアースやストリートビューまで使って、若宮さんは自分と白龍、家族のことを語ってくれた。

白龍に関する算命学的な見立てについては、あとで書く。その前に、若宮さんから聞いた奇妙な怪異譚をご紹介しよう。

彼女からは、おびただしい数の話を聞いた。今回お話しさせてもらうのは、その中から選んだ四つの怪談だ。


彼女が生を受けたのは、古い名家だった。

ここでは大杉家としておく。

大杉家の先祖は庄屋であり、祖父が若かった時分までは、地元で大きな権勢をふるっていた。

時代が令和に変わったこのご時世でも、ともすれば男尊女卑、家長主義といった封建的な名残が色濃く残っている。

大杉家は、そんな家柄の旧家だった。

広大な土地に、築九十年にもなる、大きな日本家屋の屋敷があった。

一階と二階をあわせ、部屋は全部で十もある。しかもどの部屋も間取りは広い。玄関を入ると大きな土間があった。屋敷の南側には、大きな縁側が張りだしている。

古びた木の匂い。畳の匂い。台所の天井や壁に染みついた食材の匂い。錆びた閂《かんぬき》の匂い。

埃の匂い。

襖を開くときの音。廊下が軋む音。納戸からものを出し入れする音。誰かが階段を上り下りする音。虫の鳴き声。鳥の鳴き声。家族たちの笑い声。

それらは今でも、あの頃と変わらず若宮さんの一部である。

広い庭があり、裏庭があった。

裏庭には森のように木々が生え茂り、小さな祠があった。

表の庭のほうには、土の神がいた。若宮さんは実家で暮らしていた少女時代、一つ目のその神を何度も目撃したという。

そんな広々とした庭の一隅――裏庭の祠と、ちょうど対角線の位置にくるような場所に、古い井戸があった。

その井戸には、決して触れてはならないと、幼い頃から言われていた。

むやみに触ると、家のものに障りが出ると。

「ところが、ちょっとした事件が起きてしまって。あれは、私が中学の頃だったと思います」

その頃屋敷では、若宮さんの祖父と祖母、両親、若宮さんと四歳違いの弟。そして曾祖母が暮らしていた。

井戸の上に、猫が乗っていた。

庭にいた若宮さんの父親が、それを見つけた。

父親は、猫が大嫌いだった。見るだけで鳥肌が立つほど毛嫌いしていた。

「昔は庭で鶏をさばいたりしていたので、処分したあとに出た骨だとか、腐った野菜だとか、そういうものが井戸の近くに固めておいてあったりしたんですね。猫を見つけた父はゾッとしながら、骨の一つを拾いあげました。猫めがけて、思いきり投げつけました」

骨は、井戸の上の猫に当たった。

即死だった。

死んだ猫を処分するため、父親は井戸に触れた。

翌日、交通事故を起こした。

「運転が上手な人なんです。一ミリの隙間で車と車をくっつけられるぐらい。しかも百発百中で。事故なんて起こしたこと、もちろん一度だってありませんでした。そんな人がどうしてって、みんな信じられませんでした」

幸い、命に関わるような事故にはならなかった。だがいやでも、家族全員が井戸に関する古くからの家訓を思いだした。

誰も、井戸に近づかなくなった。

ところが後年。またしても大杉家は禁を犯す。

成人し、結婚をした若宮さんの実弟が、母屋の横に新しい家を建てることになった。もともと古い蔵が建っていた場所。家を建てるために、いくつかあった井戸の水脈の一つを止めなくてはならなくなった。

またしても、禍が出た。

母親が、水に触れることができなくなった。身体が拒否反応を示すようになり、お風呂にも入れなくなった。

そしてあるとき、母親は急死した。

井戸を「触って」から半年後のことだったという。

墓地にいたもの

「たしか五歳ぐらいのときのことです。おばあちゃんとお墓に行ったんですね」

若宮さんは、当時の記憶をたどりながら私に話した。

「お盆は別だけど、夜は絶対にお墓に行っちゃいけないよって、おばあちゃん、ずっと言っていたんですけどね。それなのになぜだかその夜は、二人でお寺に行ったんです」

どうして日が落ちてから墓地になど行ったのか、もちろん理由はおぼえていない。

だがとにかく、菩提寺にあるご先祖様のお墓に行った。広大な敷地を持つ墓地だった。

大杉家のお墓は、その奥の一角にある。

墓参りをすませ、さあ帰ろうということになった。二人でご先祖様の前を離れ、墓地の通路をしばらく歩いた。

ところが——。

「ヒヤッと……ほんとにヒヤッと、背後に不気味な気配を感じて。えっ、何だろうって思うじゃないですか。私は思わず、振り向こうとしました」

するとと。

並んで歩いていた祖母が、突然幼い孫の手を握った。

痛いぐらいに、にぎりしめた。

そのときの祖母の指のひんやりとした冷たさ、少しザラついた感触、その大きさまで、今でも鮮明におぼえているという。

何より峻烈《しゅんれつ》だったのは、小さな手を握る祖母の力の強さだ。

若宮さんは見あげた。

祖母の顔は、緊張のせいで別人のようにこわばっていた。

——ひろちゃん。

祖母は言った。

若宮さんの名前は、浩美である。

——ひろちゃん、いい？　おばあちゃんの言うこと聞いてよ。

胸を締めつけられるような気持ちになった。祖母の緊張感が、つないだ指を通じて幼い身体に伝わり、広がる。

——絶対に後ろを振り向いちゃだめだよ。約束できる？

さらに強く手をにぎりしめて、祖母は問うた。

若宮さんの心臓の鼓動が速まった。

こくりとうなずいた。

そして。

祖母は言った。

――行くよ。

駆けだした。

突然だった。腕を引っぱられた。つまずきそうになりながら、一緒になって走り始めた。

けれど。

若宮さんは叫びそうになった。何かがいる。すぐ後ろに。

おばあちゃん。おばあちゃん。

ついてくるよ、おばあちゃん。

間違いなく何かが、自分たちの背後にいた。

――走って。ひろちゃん、走って。

老婆と幼女は真っ暗な墓地の通路を、手をつないで駈けた。

恐怖。

ただただ、恐怖。

墓地の外に飛びだすまでの時間が、異様に長く感じられた。

見てはいけないその何かが、こちらに向かって手を伸ばしてくる。そんな気配すら、若宮さんは感じた。

悲鳴をあげた。声にならなかった。

かすれた声が切れぎれに、墓地の闇にまぎれていく。

手桶棚の脇を走った。左手に大きな本堂がある。ひび割れた六地蔵の脇を駆け抜けようとした。転びかけた。祖母が力を入れて手を引っぱる。

もつれそうな足を、若宮さんは必死に動かした。

こわい。たすけて。こわい。こわい。

やがて。

ようやく山門から飛びだした。二人は膝に手を当て、乱れた息をととのえる。

だが、祖母は言った。

――まだだめだよ。まだ振り向いちゃいけないよ。

若宮さんは小さな手で、祖母の冷たい手を握り直した。

墓地から家までは、子供の足で十分ぐらいの距離だった。二人はずっと、手をつないだまま無言で歩いた。

それは、まだなお背後にいた。

だがやがて、ふいに気配を消した。

ぶわり。

祖母の指に、いやな汗が噴きだした。その湿りとぬくみを、今でも若宮さんは忘れられない。

「あのとき、もしも振り返ったら、いったい何がいたんですかね。いや、振り向かなくてよかったんだって、ずっと思っていますけど」

若宮さんはそう言って笑った。

雨と赤ちゃん

若宮さんが九歳か、十歳ぐらいのときのこと。

陰鬱な夜。

大雨だった。

暮らしていたのは、前のエピソードにも書いた通り、広大な古い日本家屋。当時でも、築六十年は経っていた。

彼女の部屋は、横に長い屋敷の二階。その南側にあった。

母親が一緒だった。

雨戸は閉まっていない。窓にはカーテンが引かれていた。

降りしきる雨音が、大音量で聞こえている。家の前には庭があり、その向こうに道路が走っていた。

「最初は猫だと思ったんです。家の前の道路を、猫みたいな泣き声が東から西にゆっくりと移動していく。でも……よく聞いたら猫じゃない。どうも赤ちゃんらしいってことになりました」

軒をうつ激しい雨音と泣き声の組みあわせは、いかにも奇異だった。

こんな大雨なのに、赤ちゃんを連れて誰か出歩いているのかね——母親はいぶかしげな顔つきになる。

しかも、ときとともに違和感は大きくなった。

なぜって——。

「ふつうは雨音にさえぎられるというか……奥に赤ちゃんの声があって、私たちと赤ちゃんの声の間に雨音があるというのがふつうだと思うんです。でも雨音とは関係なく、独立して赤ちゃんの声だけが移動しているというか……分かりますか。とにかくそんな感じだったんです」

当時を思いだして、若宮さんは言った。

泣き声は、鮮明だった。こんなにはっきりと聞こえるわけはないのだけれど——若宮さんも母親も、そう思った。

「何なんだろうねって、母親が首をかしげました。そして窓辺に近づき、サッとカーテンを開けました。そうしたら」

窓硝子に、二つの手のひらがあった。

あとは、闇。

母親は、あわててカーテンを閉めた。

黙りこくった。

二人とも。

やがて。

「今の何だったんだろうって、ようやくボソッと母が言いました。でも、それからは、二人ともふつうに過ごして。どちらも、今見たことは絶対に言葉にしてはならないみたいな雰囲気で」

手のひらは、男か女か分からない。

ただ、けっこうゴツゴツしていた感じがするという。

人ではなかったろう。

部屋は二階にある。

しかも手のひらには、手首も身体もなかった。

手のひらと赤ちゃんの声との関係は、不明のままだという。

納戸

若宮さんから聞いた怪異譚。

最後は、彼女が中学生の頃の話である。

「学校が終わって家に帰ると、家の外に母が出ていたんです。何かにおびえたようなこわばった顔つきで、落ちつかない様子でした」

どうしたのと、若宮さんは聞いた。

母親は言った。

――ひろちゃん、あのね。今、家の二階に泥棒がいるかもしれない。だから、家に入るのちょっとやめなさい。

えっ。

若宮さんは驚いた。

思わず二階を見あげる。どういうことと、母親に聞いた。

声をふるわせ、母親は説明した。台所で、夕飯の用意をしていたのだという。

そうしたら――。

バーーーーン！

真上からものすごい音がした。

ギシギシと、屋敷が軋むほどの振動がつづいた。

「台所の上にあるのは、納戸というか、物置部屋みたいなところでした。多分そこの扉じゃないかって言うんです。その扉に、誰かが全力で体当たりをしているようなものすごい音がつづいている。もう怖いから、今出てきたんだわねと言うんです」

若宮さんは恐怖に駆られ、もう一度二階を見た。

茜色から紫に変わった空が、一気にどす黒い色になりつつあった。屋敷を囲む木々の葉が、風に吹かれてザラッとした音を立てる。

やがて、母親の連絡を受けた父が、同じように外出していた祖父を伴って帰ってきた。

二人とも、けわしい顔で母から最新の情報を聞く。

「父は他にも応援を頼んだみたいで。何人かの近所の男の人たちが駆けつけてくれました。父は『おまえたちはここにいなさい』と私と母に言い残して、祖父や男の人たちと家に入っていきました」

若宮さんは母親と、固唾を呑んでことの成り行きを見守った。

いったいどうなることかと緊張しながら待つ時間が、どれだけつづいたのであったか。

父が現れた。

誰もいない。物置の扉には、しっかりと閂がかけられたままだったという。

「別に、そこに力が加わったような形跡もないし、壊れてもいないし扉が開いてもいない。見たところ、別に何かあったようには見えない。探したが、家中どこにも誰もいないっていうんです」

そんなはずはないと、母親は主張した。だったらあのすごい音は、いったいなんだったのだと。

若宮さんたちは応援に駆けつけた近所の人たちに丁重に礼を言い、彼らを見送って家に入った。

母はなおも、自分が体験した恐怖を父や祖父に説明した。父も祖父も眉間に皺をよせ、重苦しい顔つきで母親の話に耳をかたむけた。

すると。

突然電話が鳴った。母が電話に出て、父に代わった。

訃報だった。

父の友人が、急逝した。

――それだな。

家族全員の意見が一致した。みなで顔を見あわせ、うなずきあったという。

「そうしたら、やっぱりそうだったみたいで」

何日か経ち、父親は友人の葬儀に参列した。

仲間たちもみな集まった。

仲のいい顔ぶれがそろい、亡くなった友人の話になった。いくら何でも早過ぎだよなと、みなで故人の死を悼んだ。

「そのうち、友人の一人が『そう言えば』って言いだしたらしいんです」

その友人は周囲を気にし、声をひそめてこう言った。

――あいつ……来なかったか？

それを聞いたとたん、故人の友人たちは一様に「おまえのところもか」という顔つきになった。

もちろん、若宮さんの父親も。

「やっぱりその亡くなったかた、仲のよかったお友達のところを全部回ったみたいですよ。何だかいろいろなことが、それぞれのおうちであったみたいです」

何があったか聞いておけばよかったですね――若宮さんはそう言った。

若宮さんからは、本当に様々な怪異譚を聞いた。

じつは、まだまだある。

だがそのすべてを、この本で紹介することは困難だ。

機会があれば、またお話ししよう。

ということで、話は一番最初に戻る。

――あの。私、白龍がついているんですけど。どうしてなのか、命式から分かったりしますかね。

私と若宮さんを結ぶ契機となった、白龍の件だ。

龍を見たことがあるという人は、何人も知っている。だが龍と話をしたり、その背に乗って空を飛んだり、人生の折々で龍から「ご託宣」のようなものを受け取っているという人とは初めて会った。

白龍との最初の出逢いは、妊娠中に昼寝をしているときだったという。

突然、白龍があらわれた。

――東京スカイツリーは漢字でどうやって書く？

そう聞かれた。

とっさに分からず、口ごもった。

龍は言った。

――まあいい。乗れ。

そして若宮さんは白龍の背に乗り、空を飛んだ。すさまじい風圧で息ができず、逃げだすように飛びおきたという。

やがて、子供が生まれた。

男の子だった。

若宮さんはその子を見るうち、どうやらあのとき、祖父が連れてきた青い服の男の子のようだと確信するようになった。

だとしたら、あのときの白く発光した男の子は誰なのか。

疑問をおぼえた。

彼女は、まだおしゃべりをするにはほど遠い赤ちゃんの息子に、指を三本示した。

――ねえ、教えて。あのときの白い子はだあれ。いち、神様。に、あなたの弟。さん、あなたのおにいちゃん。

「さん」はあり得ないのだが、そう聞いた。

赤ちゃんは、神様を示す指を握った。指を変えても、聞く日を変えても、子供が握る指は、常に「神様」だった。

ではやはり、あの光る男の子は白龍様だったのだ。そう確信した。

そしてその後、若宮さんは様々な経緯を経て、白龍は子供についているのではなく、自分がこの世に生を受けたときから、ずっと一緒にいてくれたことを知ったのだという。

さて。

そんなわけで、命式だ。

正直ちょっと、頭は痛い。どこまでお役に立てるか分からないけれど、とにかく見てみましょう――そう言うしかなかった。

果たして算命学で、というより、私の力でどこまでのものがあぶりだせるかは、やってみないと何とも言えない。

私は若宮さんから生年月日を聞き、命式に直した。

息を呑んだ。

ぞわぞわと、小蟲《こむし》のような鳥肌が背筋を駆けあがったことを、今でもよくおぼえている。

算命学に守護神という考えかたがあることは「恋」というエピソードでお話した。

前述の通り、若宮さんの命式のすべてを公開することはひかえる。だが、若宮さんの日干支は「戊戌」、そして月支は「未」だった。

すると、若宮さんの調候の守護神は、第一守護神が「癸（水性）」、第二守護神が「甲（木性）」、第三守護神が「丙（火性）」となる。

若宮さんの命式には、第二守護神も、第三守護神もあった。

だが、第一守護神だけがない。

まったく「水」がないのである。

「水」がないのは少々痛い。

若宮さんの命式は、第一守護神である「癸」があれば、富と名誉の両方を手に入れられる、そんな命式だったのである。

ところが――。

私の胸は高鳴った。

龍神は、水の神だ。

水の神である龍神――白龍が、守護神の中でただ一つ「水」だけを持たない若宮さんについている。

もしかしたらその白龍は、彼女の守護神ではないだろうか。

私はさらに、若宮さんの宿命を追いかけた。五徳（福寿禄官印）という概念を用いて、天から彼女に与えられたメッセージを読みとくと「自分の思うがままに生きよ」と出た。

私は自分に見えたものを、そのまま伝えた。

若宮さんは言った。

「すべて腑に落ちました。ちょっと感動したかもですね。なぜかと言うと、白龍も私に言うんです。『思うように生きろ』って」

若宮さんと交信をするようになった白龍は、やりたいようにやれと言う。

そんな白龍のご託宣と、彼女の命式からみちびかれるメッセージがまったく同じだったことに、私は正直、算命学の神秘を感じた。

今日も、若宮さんは不思議な世界を生きている。

本業は投資家だが、週に二日はアルバイトで外に出るという彼女は、その日も自転車で、仕事場までの道を走っていた。

——世界はどうだい？

突然、頭の中に声がした。

天。

白龍だと、すぐに分かった。

——身体はおもしろいかい？

つらいよ。

若宮さんは答えた。繰り返しになるが、彼女はセクシャルマイノリティ。免疫系の難病も抱えている。

すると、天は言った。

——それを味わいたくて、そちらにいくのだよ。

文句を言おうとした。

だが、すぐに気配は消えた。

若宮さんはため息をつき、職場へとつづく通りを、さらに自転車で走った。

変なものが見える。

道路から、風船ぐらいの大きさの水滴が沸き、次々と空に上っていた。

無数の水滴たちのすべてが、逆さだった。空という名の青い地面に、あとからあとから降りそそいでいく。

きらめく陽光を浴び、水滴が光った。

水滴に自転車が映った。

若宮さんは、スピードが出ていた。

突っこんでいった。

水滴たちのシャワーを浴びた。

涼しかった。

声をあげそうになった。

水滴のひとつぶになったかのようだった。

若宮さんは、両手を広げて青い空へと降りそそいでいく——そんな自分を、自転車を止め、手びさしをしながら目を細めて見た。

争母

「私、ずっと姉に呪われながら生きている気がするんです」

ドキッとするような話をしてくれたのは、知人から紹介された真田さん。四十歳を少し過ぎた、折り目正しいご婦人だ。

かつて彼女には、血を分けた姉がいた。

双子だった。

二卵性双生児。

だが二人が生まれるギリギリまで、真田さんのことは両親も知らなかった。

姉である瑠美の身体の後ろに丸くなっていた。隠れるように成長しており、存在が認識できなかったのだという。

生まれる前から、二人の宿命は決定づけられているようでもあった。

瑠美は平均以上の大きさで生まれた。一方の真田さんは、今で言う低出生体重児。当時の呼称で言うならば、未熟児として生まれた。

死産でもおかしくないほどだったと、聞いているという。

ちなみに双子は、異常干支を持って生まれてくることが多い。

本人たちに異常干支がない場合は、両親のいずれかが二つ以上の異常干支を持っていると言われている。

算命学を習いたての頃、そんなばかなと思った。

私は父親も双子のかたわれなら、姪たちも双子である。調べてみると、本当に父の命式にも、姪たちの命式にも異常干支があった。

だが、真田さんたち姉妹に異常干支はない。その代わり、驚くことに両親が、どちらも異常干支を二つ持っていた。

双子は宿命的に、どちらの人生もバランスよくとは、なかなかならない。

いつまでも、すべてにおいて同じように生きていけるというならともかく、それぞれの人生を歩いていくようになるに従い、その運勢は、なぜだかどちらかにかたよってしまうことが多い。

私がそう説明すると、真田さんは「そうなんです。もうまったくその通り」と言った。

「何から何まで、姉に奪われた感がありましたね。向こうは健康優良児で、小さな頃から見た目もかわいかった。私は未熟児で、身体が弱く、見た目だって到底姉にはかないませんでした。双子なのに、どうしてこんなに違うのかと不思議になるくらい」

二人の差は、身体の頑健さとビジュアルだけではなかった。

勉強をやらせても瑠美のほうがよくできたというし、運動神経だって太刀打ちできない。共にピアノを習ったが、音楽の才能の差も歴然としていた。瑠美は、音楽大学のピアノ科に進むほどにまでなった。

だが、そうした特別な能力には残念ながら恵まれなかった真田さんは、短大を卒業すると、地元の信用金庫に就職をした。

「でも、そういうことはまだ、仕方がないとあきらめられました。ないものは仕方がありません。誰のせいでもない。何よりつらかったのは、小さな頃から母の愛情が、姉一人だけに注がれていることでした」

真田さんの母親（敏子さんとしよう）もまた、聡明さと美貌に恵まれた女性だった。

瑠美は、敏子さんに似た。

敏子さんは若かりし日々、大好きだった音楽の道に進みたくても進めなかったリベンジ的な思いもあり、瑠美をことのほか溺愛し、その英才教育に夢中になった。

いつしか真田さんは、蚊帳の外に置かれた。

父親はそんな娘を不憫がり、姉妹どちらも差別することなく愛してくれたが、それで解決できる問題ではなかった。

真田さんは孤独だった。母親の愛を欲した。

かわいがられる姉に、ほの暗い嫉妬を抱き続けた。

だって、寂しかったから。

自分だって、母親の愛に包まれたかったから。

そうした真田さんの心情は、命式を見れば想像にあまりある。

年干支　戊午《ぼごのうま》
月干支　丙辰《へいかのたつ》
日干支　己酉《きどのとり》

これは、俗に言う「争母《そうぼ》」の命式（「守護神帝王」の命式でもあるが、それについては今回は詳述しない）。

日干「己」が自分自身だとするならば、その母親に当たる「丙」が月干に透干し、「己」にとっては兄弟姉妹に当たる「戊」が年干に現れている。

つまり一人の母親を、兄弟姉妹が奪いあう。

こうした命式を持つ者は、宿命的に兄弟、あるいは姉妹と、母親の愛をめぐっていさかいを起こしやすい。

そんな「争母」を、真田さんは持っていた。

瑠美も持っていた。

それなのに大きなトラブルに発展しなかったのは、真田さんがずっと耐え忍び続けたからだろう。

「だって、誰がどう見ても母が姉をかわいがるのは当然でしたから。一卵性親子なんて言われるぐらい、いつもべったりで。最初から勝ち負けの見えている戦いなんて、したくないじゃないですか。私は悲しい思いを押し殺して、何て言うのかな……うん、ピエロみたいになって家の中にいました。ずっと。ずっとね」

姉妹の仲も、結果的によくはなかった。瑠美は優越感を露にして、真田さんに接し続けた。

真田さんの寂しさになど、気づこうともしなかった。

そんな人間に生まれてきたあんたが悪いのよ——そうとでも言わんばかりだったと思ったこともあったという。

だがそんな二人に、思いがけないことが起きた。

瑠美が急逝したのである。

交通事故だった。大学の友人たちとドライブに行き、一緒に出かけた四人のうちの三人が亡くなった。

居眠り運転だったらしき、トラックとの衝突が原因だった。真田さんと瑠美が二十一歳のときのことだったという。

「母の悲しみかたは尋常じゃありませんでした。もちろん父だって悲しみましたけど。母の悲嘆ぶりは父の比じゃなかった。もしかして、姉のあとを追ってしまうんじゃないかとすら思うほどでした」

そんな敏子さんの姿に、真田さんはまたも胸をえぐられるような悲しみをおぼえた。

私だっているよ、ママ。

ねえ、見て、ママ。私、ここにいるよ。

しばらくの間、真田さんが暮らしていた家は火が消えたようになった。見ればいつでもすすり泣いている母親を、複雑な気持ちで見守った。

真田さんは幾度となく、亡き姉の夢を見た。夢の中の姉は、生きていた頃よく弾いていた、もの悲しいピアノ曲を演奏していた。

姉の弾くその曲は、美しかった。

だが同時にもの悲しく、うら寂しく、不穏なものも感じさせる。一度聞いたら忘れられない、印象的なメロディ。陰鬱な音の響き。

生前の姉は「この曲が大好きなの」と言って、よく弾いていた。

そんなことも関係してか、真田さんにはその曲は、姉が自身に向けてたむける葬送曲のようにも聞こえた。

そして――。

「こんなことを言うのはバチ当たりだと分かっています。でも、生まれて初めて感じるような安堵感もおぼえたことが忘れられません。ようやく楽になったというか。見えない呪縛から、やっと解放されたというか」

真田さんが二十年以上にわたって舐め続けた辛酸を思えば、その気持ちはよく分かる。

いずれにしても、姉はいなくなった。「争母」のバトルをくり広げる、宿命の相手はこの世から消えた。

不思議なことに、姉の死を契機に、真田さんの人生は少しずつ陽転を始めた。

そうとしか思えなかった。

勤め先の信用金庫。

先輩社員だった、エリート行員に見そめられた。

それまでもずっと一緒に働いていたのに、瑠美が亡くなってほどなく、真田さんは彼から熱烈なアプローチを受けるようになった。

しかも、真田さんに求愛をしてきたのは、その先輩社員だけではない。真田さんは同時期に、なんと三人もの男性から想いを打ちあけられたという。

一人は高校時代の友人。

もう一人は、母校である短大の独身教授だった。

真田さんはとまどいながらも、最初に愛を告げてくれた先輩社員との未来を選んだ。

それが、現在のご主人だ。

真田という姓も、彼と結婚したことで自分のものになった。

二人には、やがて娘が生まれた。

真優という名のひとり娘。真優さんは、真田さんが死ぬほど欲しかった音楽の才を持って、この世に生を受けた。

愛娘に音楽の才能があるかもしれないと分かったときの感激は、今でも昨日のことのようにおぼえているという。

もしかしたらそれもまた、亡き姉へのルサンチマンだったか。

「喜んだのは母親もでした。喜びぶりは、私以上だったかも知れませんね。それまではずっと姉の死のショックを引きずっていたんですけど、次第に真優に夢中になって……恐らく母にとっては、失った最愛の娘の代わりだったんだと思います」

真田さんはそう言って、当時を述懐した。

瑠美の急死からときが経ち、娘の真優さんが成長するにつれて、真田さんと敏子さんの関係にも、少しずつ変化が起きてきた。

瑠美が存命だった頃は考えられなかったほど心の距離が縮まり、敏子さんは真田さんと母娘の交流をはかるようになった。

真田さんはうれしかった。

申し訳ないと思いつつも、黒い感謝を姉に捧げた。

三歳でピアノの世界に入り、研鑽を積んだ真優さんは、四歳のときにはあるピアノコンクールで早くも優勝し、審査員だった有名音楽家から絶賛されたこともあった。

そんな孫娘を、真田さんの母親は文字どおり溺愛した。

真田さんも、ようやく母親を見返すことができたような気持ちになり、ますます真優さんの教育に、何もかも忘れてのめりこむようになっていった。

真優さんは、亡き姉にも負けない豊かな才能に恵まれていた。

もちろん、人としての個性はまったく違う。

クールな美女だった姉とは様相を異にする愛らしい顔立ち。

鋭い棘《とげ》を隠そうともしなかった、自尊心の高い瑠美とは違う、ひょうきんでやさしいキャラクター。

人への思いやりにあふれた真優さんは、真田さんたち両親や祖父母に、いつでも明るい笑いを提供した。

自慢の娘だった。

愛する夫も順調に、行内の出世レースを勝ち進んだ。

かつてはこれっぽっちも自分になど向けてもらえなかった、愛する母親の幸せそうな笑顔も、彼女は一人で独占した。

亡き姉に言ってやりたかった。

お姉ちゃん。

私、幸せだよ。

今やっと。やっと私、幸せだよ、と。

ところが――。

そんなあるとき、真優さんがおかしなことを言いだした。

家でピアノの練習をしているときのこと。

愛娘に心おきなくピアノを弾かせてあげられるよう、家の一室を工事して防音仕様に変えていた。

――ねえ、ママ。

真優さんは言った。

――どうしてこのお姉さん、いつも私に怖い顔をしているの。

何のことだか、もちろん分からなかった。だがくわしく聞いてみると、このごろいつもピアノのそばに、見知らぬ女がいるという。

若い女は恐ろしい顔で私を睨むのだと訴えられた。

真田さんは反省した。

教育に夢中になるあまり、ピアノ、ピアノとうるさく言いすぎたか。

真優さんも好きで取りくんでいるとばかり思っていたが、もしかしたら知らない間にストレスが溜まり、精神的に不安定にさせてしまったのかもしれない。

詰めこみがちだったレッスンの間隔をあけ、遊ぶことにも時間を使わせるようにした。

だが、真優さんの異変はなおもつづいた。

夜中になると悪夢にうなされるようになった。

――痛い。痛い、痛い。ママ、助けて。ママ、ママ。

パニックになりながらうなされ、すさまじい寝汗とともに飛びおきる夜が繰り返された。

どんな夢を見たのかと言っても、要を得ない。

知らないお姉さんが私の中に入ろうとするのだと、わけの分からないことを言う。

お姉さんとは、ピアノのレッスンをしているときに、ずっとそばに立っているという女性のようだ。

いったいどういうことかといぶかった。

心療内科にも通わせるようになった。

かわいい孫娘の思わぬ変調に、真田さんの両親も胸を痛めた。

母親の敏子さんなどは、一緒に心療内科に通ったほうがよいのではないかと思うほど、心を病むようになった。

そんな、ある晩のことである。

真優さんを寝かしつけ、やれやれと、リビングのソファに横になった。

夫は仕事が忙しく、帰宅の遅い日がつづいていた。

真田さんは、お風呂に入ってしまおうかと考えたが、やがてソファでうとうとし始めた。

そうしただらしのないことは、できない性分のはずだった。しかしその晩は睡魔に勝てず、深い眠りに落ちかけた。
そのときだった。
「ほんとに突然でした。いきなり誰かが、上からドサリと落ちてきました」
真田さんは仰天した。
これはいったいどういうことだ。
しかも、どうして目が開かないのだ。
誰かが馬乗りになっていた。
息ができない。
何かが首にギリギリと食いこんだ。
起きあがりたくても、重しのように何かに圧迫されて思うに任せない。
「助けて、助けて。私は必死に暴れました。ソファがギシギシと軋んで……」
——ううう……うううう……ううううう……。
おぞましいうめき声が、なぜだか頭の中に響いた。
真田さんはパニックになった。
懸命に暴れた。
力の限り、あらがった。

だが真田さんにおおいかぶさった何かは、なおも空恐ろしい力で首を絞め、とんでもない重さで彼女を圧迫する。

——ううう……うう、ううう……ううう、うううううう……。

いやだ。

死にたくない。死にたくない。

助けて。誰か。誰かあああ。

真田さんは手脚をばたつかせ、声にならない声をあげた。

すると。

ようやく呪縛から解放されでもしたかのように、真田さんの目が開いた。

瑠美がいた。

間違いない。姉だった。

いや、正確に言うなら、かつては真田さんの姉だったはずの異形のものである。

両目が吊り上がっていた。

目は真っ赤だった。

口の両端が耳元まで裂け、盛んに何かわめいている。

全体重を真田さんに乗せていた。鍵盤を流れるように動いていた指のすべてを妹の首に回し、渾身の力で食いこませる。

瑠美は目を剥いた。

頭の中に、呪詛の声が響きわたる。

――死ね。死ね死ね死ね。

瑠美の声とは思えなかった。

だがそれは、やはり姉のものだった。

声は違うが、この憎悪の感情にはおぼえがある。ほんのつかの間、真田さんは胎内に、姉と二人でいたときのことを思いだした。

――死ね。この死にぞこない。

瑠美は叫んだ。

――どうして私が死ななきゃならない。おまえが死ねばよかったのに。おまえなんか、生まれてこなくてよかったんだ。何のとりえもないくせに。

好かれているとは、一度だって思わなかった。

だが真田さんは、双子の姉にここまで嫌われていたことを、その夜初めて思い知らされた。

――死ね。死ね。死ねえええええ。

姉は狂気の化け物とかし、そう叫んだ。真田さんの首に食いこむ白い指は、ますますズブズブと深くまで沈んだ。

真田さんは、ついに意識を失いかけた。

「すると、突然姉とは違う手が、私を激しく揺さぶりました。夫でした。夫は血相を変え、『どうしたんだ。どうしたんだ』と私を起こし、抱きしめました」

あのとき夫が帰ってきてくれなかったら、今ごろ私は、もうこの世にいなかったと思いますと真田さんは言った。

もちろん夫は、瑠美の姿は見ていないという。

「ようやく、娘の言っていた『お姉さん』の正体が分かりました。私は夫と相談し、つてを頼ってお祓い専門の先生にすがりつきました。何回にもわたって、お祓いの儀式をしてもらいました」

それが、功を奏したのだったか。

姉は二度と、真田さんの前に現れなかった。

真優さんも悪い夢からようやくさめたかのように、やがて調子を取り戻し、もう二度とおかしなことは言わなくなった。

こうして、ことは一件落着したかに思えた。

真田さんも心から安堵した。

それが、今から十五年前のことだった。

だが――。

「もしかしたら……まだ何も終わっていなかったんじゃないのかなって。じつはこの頃思うんです」

真田さんはそう言って、重苦しいため息をついた。

このところ、真優さんの変化がいちじるしかった。

二十歳を迎え、大人の女性への入り口に立った。

真優さんは、愛嬌あふれる少女時代からは想像もつかなかった、美しい女性へと変貌を遂げた。

そして、そんなものがいったいどこにあったのかと思うような、鋭利な棘を隠そうともしなくなった。

薔薇のような美女になった。

こんなことを認めたくはなかったが、ありし日の姉を彷彿とさせる人格と容姿に、日ごとに変わってきているという。

父は鬼籍に入ったが、母親の敏子さんはまだ健在だった。

真優さんの件に関し、母親と言葉を交わすことはない。

だがこのごろ真田さんは、今までにも増して孫娘をかわいがるようになった母に、またしてもどす黒い感情をおぼえることが多くなっていた。

まだ幼かったあの頃。

まぶしい思いと孤独感にさいなまれながら、楽しそうな母と姉をこっそりと見ていたときの感情である。

「子供の頃はあんなに陽気だったのに、このごろどんどん……何て言うんでしょう、よく言えばクール、悪く言えば陰気で冷たい感じになってきて。もうほんとに、姉そのものなんです。そして母も、そんなあの子の不気味な変化を、むしろ歓迎しているように見えてしまって」

そんなふうに娘の変貌にとまどう真田さんが、ドキッとしたことがあった。

ある日練習室から、懐かしい曲が聞こえてくる。

真田さんは思いだした。

かつて瑠美がよく弾いていた曲の一つ。そうだ。私はこの曲を、姉が死んでから毎晩のように、彼女自身の演奏で聞いてもいた。

どうしたの——真田さんは娘に聞いた。この曲、ママ知っている。でもいったいいつおぼえたの、こんな曲。

するとと真優さんは、真田さんの問いには答えず、面倒くさそうに言った。

――曲名、知ってる？

そこまでは分からないと、真田さんは言った。

そんな母親に、真優さんは鼻を鳴らした。

――憾《うらみ》。

えっ。

真田さんは聞き返した。

う、怨み？

――誤解しないで。悔恨のほう。「無念」っていう意味だから。「怨み」じゃないの。でも……「うらみ」は「うらみ」なのよね。フフ。

なぜだか笑い、真優さんはひんやりとした目つきで母親を見た。真田さんは奇妙な薄気味悪さをおぼえ、逃げるように娘のもとを離れたという。

彼女は曲について、改めて調べてみた。

作者は、「荒城の月」で有名なあの瀧廉太郎だった。彼の数少ないピアノ曲の一つで、死のわずか数か月前、じわじわと近づいてくるそれと向かいあいながら、命を削って作った作品が、この曲だった。

その後も真優さんは、ときどきこの曲を無心で弾くようになった。

そんな娘を見ていると、どうしても、ありし日の姉とだぶってならない。

「このごろ……こんなふうにも思うんです。まだあの子が幼かった頃、知らないお姉さんが自分の中に入ろうとするって苦しんでいたことがあったじゃないですか。もしかしたら私の姉、あのとき真優の中に入ることに成功したんじゃないかって」

重苦しい顔つきで真田さんは言う。

真優さんの中に入った瑠美は「種」として長いこと、姪の身体の中で芽吹きのときを待ち続けた。

そしてようやく発芽を遂げ、深く根を張り、幹を太くし枝葉を広げ、真田さんの愛するたった一人の娘を、丸ごとのっとろうとしているのではないか。

「だとしたら……全然終わってなんかいなかったんです。私たち姉妹の戦いは。そんなふうに思う私って、やっぱりちょっと変ですか、先生」

真田さんはそう言って、長い、長い、ため息をついた。

私は正直、何も答えられなかった。

真田さんの脳裏には『憾』という名のその曲が、いつでも、どこにいても、いっときだってやむことなく聞こえ続けているという。

慟哭

小松千鶴さんは、首都圏近郊のG県で暮らす五十代の女性。

今までに何度か、メールや電話で鑑定をしていた。

どんなにたいへんな問題にも、いつも明るく、元気に立ち向かう人だった。小松さんのことを思いだすと、いつも快活な笑い声がセットでついてくる。

そんな彼女から電話があったのは、二〇二一年一月半ばのこと。そのときも、ことの重大さほどに、声は暗くなかった。

「年末に、急に心臓がおかしくなって。それまで感じたことのないような圧迫感や痛みをおぼえながら何日も苦しんだんです。もう、ほんとにたいへんだったんですよ、先生」

ときは、コロナ禍真っ盛り。感染を警戒し、そう簡単には病院を訪ねられない日々の中でのことだった。

ところが。

不思議なことに、大晦日になると痛みや圧迫感がぴたりと消えた。

いったいなんだったんだろうね。小松さんは夫と話をしながら、年越しの準備をしたという。

ひとり娘はすでに嫁に出してしまい、二人きりの暮らしである。

「その夜遅くのことでした。つまり、新しい年へと変わって、まだ間もない時間帯ってことですよね」

大晦日ということもあり、珍しく早くから、夫は酒を飲んだ。

早くに床に就いた。

心臓の不安がなくなった小松さんもようやく心労から解放され、十時過ぎには自分の床で眠りに落ちた。

「夜中に目をさましました。枕もとのスマートフォンでたしかめたら、一時半を回っていました。いつもなら、近所のお寺の除夜の鐘を聞きながら眠りに就くことが多かったのですが、今年はそれも聞けなかったな。そんなことを思いながら、暗闇の中で寝返りを打とうとしました。そうしたら」

心臓がバクンと鳴った。

誰かが立っている。

闇の中に。

「3LDKのマンション暮らしで、六畳の和室に布団を敷いて寝ています。そんな布団の足もとに、誰かが立っているんです。しかも」

人間ではない。

すぐに分かった。

霊感は強いほうだ。この世のものではない。瞬時に理解した。

――ぁ……ぁぁ、ぁ……ぁぁ……。

男に思えた。

声にならない声。うめいている。

小松さんは掛け布団を引っ張りあげた。頭まで隠した。気づかないふりをした。

――ぁぁ……ぁ……ぁ、ぁぁ……。

苦しげなうめき声は、すべての音に濁点がついたようだった。

かつては人間だったはずの異形の者は、うめきながら小松さんの頭のほうに近づいてくる。

スリッ。スリッ。

足が畳をする。

スリッ。スリッ。

次第に音が大きくなる。

スリッ。スリッ。スリッ。

「怖い経験はいろいろとしてきましたけど、さすがにここまで怖いのは初めてかもって思いながら、布団の中でふるえだしました。何も知らない夫は、平和そうな高いびきをかいていました」

――ぁ、ぁ……ぁぁ、ぁ……ぁぁぁぁ。ぁ。ぁぁぁぁぁぁぁぁ。

男は、枕もとまでやってきた。布団の脇に座ろうとしている。

不気味な声が近づいた。身を乗りだし、こちらに顔を近づけるのが分かった。小松さんに向かって、その黒い影は手まで伸ばした。

もうだめだ。小松さんは思った。

悲鳴をあげた。自分の声だと思えないほど、すごい声だった。

夫が飛びおきた。寝ぼけ眼で眼鏡をかけ、あわてて電気を点ける。

そこには、小松さんと彼の他には、誰もいなかった。

「私がときどきおかしなことを言うのには慣れっこですからね、夫は。事情を説明しても『何でもいいけど、巻きこまないでくれよ』みたいな感じで。あきれたように布団をかぶって、またすぐにいびきをかき始めました」

だが小松さんは、一睡もできずに朝を迎えた。

この世のものではなかったそれは、やけに生々しかった。

今まで感じたこともなかったような不思議な感覚。小松さんはそれにとらわれながら、マンションのベランダから一人で初日の出を見た。

そんな奇妙な年末年始から十日ほどが経った、週末のことだった。

「関東の一都三県に緊急事態宣言が出てしまって。その内こちらも同じようになるんじゃないかしらねなんて夫と二人で言いながら、スーパーに買い出しにいって帰ってきたんです」

すると、突然、電話が鳴った。

小松さんが出ると、声の主は言った。

――Q県××警察署刑事課の△△と言います。

「『あ』ってね。私、すぐに『あ』って。とうとう来たかって思ったんです」

小松さんの勘は当たった。

刑事は、電話の主が「小松千鶴」であることをたしかめると、こう言った。

――お父様がお亡くなりになりました。ショックをお受けかも知れませんが、折り入って千鶴さんにご相談があります。

小松さんは、複雑な家庭環境に育った。

実母は小松さんが幼い頃、夫と離婚し、別の男性と新たな家庭を持った。母に引きとられて父親のもとを去った千鶴さんには、実父の記憶はないという。

そんな彼女に、突然Q県のある市役所から電話がかかってきたのは、今から十年ほど前のことだ。

父親が生活保護を受けることになりそうだが、娘さんのほうでいくらか援助をお願いすることはできないだろうか——担当者の用件は、要するにそういうことだった。

小松さんの他に、つながりをたどれる身内は一人もいないのだという。小松さんは悩み、夫とも相談した末、市からの相談を断る道を選んだ。

父親——章一さんとしておこう——に関する記憶はほとんどなく、両親が離婚してからは、ただの一度も会っていない。

血を分けた親子として、もちろん心中に複雑なものはあった。

だが、養子に入った自分を我が子のように愛し、大事に育ててくれた義父への遠慮も、小松さんの背中を押した。

事情を理解した市の担当者は言った——分かりました。ただ万が一、お父さんがお亡くなりになるようなことが起きれば、またご連絡することになるかと思います。Q県××警察署という名を聞いたとき、小松さんはすぐに父親を思いだした。

とうとう来たか。

そう思ったのは、無理のないことだった。

父親は、暮らしていたアパートで息絶えていた。発見したのは、アパートの大家。すぐに警察が動き始めた。

だが、捜査の結果、事件性はなさそうだという。

「ただ、できることなら遺体を解剖させてもらいたいって言うんです。私の許可がないと、解剖はできないって」

小松さんは、悩んだ。

そして、許可を出した。

父の遺体を傷つけてしまうことに苦悶はあった。だが、死の理由をしっかりと知りたいという思いもあった。

解剖に関する遺族の承諾書、なるものをＦＡＸのやりとりで書かされた。

担当の刑事からは、翌日、すぐに電話がきた。

「胸部大動脈瘤破裂による失血死というのが、解剖医の所見でした。大きな血管の壁が薄くなってしまっていて、しかも六センチもの大きさの瘤があったんだそうです。心臓の大きさは、通常の二倍ぐらいになっていたって」

心臓――。

小松さんは、刑事からの電話を聞きながら、思わず自分の左胸に触れた。父が亡くなったのはいつですかと、思わず聞いていた。

刑事は言った――正確には分からないのですが、恐らく年末年始。大晦日前後ではないかと。

小松さんは確信した。父が亡くなったのは、間違いなく大晦日。

そして、父は私に会いに来たのだと。

「でも、そんなことって可能なんでしょうか。私がどこにいるかなんて、父はまったく知らないはずなのに」

小松さんは、私に聞いた。

私は信頼している霊能者に連絡を取り、質問をした。

――そのかたの生前のおこないにもよりますね。

霊能者は、そう教えてくれた。

――生前悪いことばかりした人や、他人を苦しめたような人は動けません。でもふつうの暮らしというか、秩序ある市民生活を真面目にされていたようなかたなら、迷うことなく、時空を越えてスーっと会いにいけます。たとえ地球の反対側でも、瞬間移動で。

私はそのことを、小松さんに電話で伝えた。小松さんは納得し、やはりあれは間違いなく父親だったのだと改めて確証を得た。

そんな小松さんが、私に見てほしいと依頼したのは、父親の人体図だった。どんな人体図を持つ人だったのか、教えてほしいという。

彼女は、自分の父親の誕生日を知らずに生きてきた。ようやくそれを知ることができたのは、解剖に関する遺族の承諾書に書かれていたからだ。

私は、小松さんと彼女の母親の人体図を思いだした。二人の人体図は、実に興味深い相似性を持っていた。

ちなみに人体図とは、その人の性格や才能、適職などを見るときに用いるもの。算命学では、この鑑定法を「陽占」という。

年干支、月干支、日干支などを使って行う「陰占」と、対で行われる占いかたである。

小松さんと母親の人体図は、次のようなものだった。

小松さん

	玉堂星	天将星
調舒星	石門星	石門星
天極星	調舒星	天将星

母親

	車騎星	天将星
石門星	調舒星	石門星
天将星	調舒星	天極星

何かお気づきになるだろうか。

人体図は、全部で八箇所に星があらわれる。十大主星と呼ばれる星が五箇所、十二大従星と呼ばれる補佐的な星が三箇所だ。

そして、なんと小松さんと母親は、八箇所にあらわれる星のうち、七箇所までもが同一だった。

一卵性親子。

そう言いたくなるほど、見事なまでに人体図は、縁の深さを示している。

だがわずかに、小松さんには母親の持つ車騎星（攻撃の星、名誉の星）が、そして母親には、娘の持つ玉堂星（知性の星）がなかった。

私の見たところ、その差はとても大きかった。

母親も「あなたは私より、父親によく似てるわね」と、折に触れて言い続けてきたという。

やはり主星が異なることが大きいのかもしれないと、私は思った。

主星とは、人体図の中心にある星。その人の性格の半分前後を占める大事な星と言われている。

ちなみに小松さんの主星は石門星（和合、協調の星）、彼女の母親は調舒星（芸術の星、反骨精神の星）である。

小松さんは、さすが石門星が主星の人らしく、社交的な性格だった。

章一さんもそうだったという。

だが、母親のほうは真逆。いかにも「孤独」という象意を持つ、アーティスティックな調舒星が主星の人だった。

そんなことを思いだしながら、私は小松さんから父親の誕生日を聞いた。

すぐに、人体図を出した。
息を呑んだ。

章一さん

	禄存星	天南星
玉堂星	石門星	貫索星
天将星	司禄星	天印星

章一さんの主星は、小松さんと同じ石門星だった。
母親は、自分より父親によく似ていると盛んに言っていたようだが、たしかにその通りである。

そして。

玉堂星があった。

母親にはなかった玉堂星を、ようやく小松さんはここに見つけた。

私はこのことを、電話口で彼女に説明した。小松さんはいつものように快活な調子で、私の話に相づちを打っていた。

だが、話が玉堂星のことにおよぶと、相づちを打つ声がとだえた。どうしたのかなと思っていると、突然、電話の向こうに慟哭の声がした。

かけられる言葉は、どこにもなかった。

長いこと、小松さんはすすり泣いた。

私はじっと、待ち続けた。

やり場のない悲しみが、複雑だろうその思いが、私の胸にまで伝わった。

明日、いつものお寺におまいりに行こう。

ちょっぴりもらい泣きをしながら、私は思った。

あとがき

前作の企画が本格的に動きはじめたとき、私には一抹の不安がありました。

――算命学なんていう、一般的に言えば決してメジャーというわけでもない占いが絡む怪談なんて、果たしてどれぐらい歓迎してもらえるのだろう……。

鑑定のかたわら取材するようになった、お客様をはじめとするさまざまな方の怪異譚がとても魅力的なものであることは、間違いありませんでした。

それらのエピソードに算命学がシンクロすることで、さらに不思議な怪奇世界が展開する現実にも、痺れるほどの興奮を私自身は覚えました。

でもそれは、もしかしたら私が算命学の使い手だからかも知れない。算命学なんて知らないよと言う人たちに、どれだけの訴求力があるだろうか。

そんな不安を抱いた私でしたが、結果的には思いがけず大勢のみなさんに「新鮮だった」「面白かった」と好意的な評価を頂戴しました。

また、算命学の絡んだエピソードをもっと増量してもよいのだなという確信も、読者のみなさんのさまざまな反応を通じて持つことができました。

その結果誕生したのがこの本――『怪談天中殺　占い師の怖い話』です。

今回も、いろいろな出逢いがありました。

前作と同様、この怪談集も縁あって邂逅できたさまざまな方の協力なしには、決して生まれませんでした。

そして、もちろん読者のみなさんです。

この本を手に取り、私と一緒にゾゾッと鳥肌を立ててくださるみなさんがいてくださらなければ、私はこんな風にお話をさせてもらうこともできなかったでしょう。

この場を借り、みなさんお一人お一人に、改めて御礼申しあげます。

最後になりましたが、拙い書き手である私に親身になってアドバイスをしてくださり、地図と勇気を与えてくれた竹書房怪談文庫編集部Оさんにも、心からの感謝を捧げます。

令和三年四月　幽木武彦

怪談天中殺 占い師の怖い話

2021年5月5日　初版第一刷発行

著者……………………………………………………………………………幽木武彦
カバーデザイン…………………………………………… 橋元浩明（sowhat.Inc）

発行人…………………………………………………………………………後藤明信
発行所……………………………………………………………………株式会社　竹書房
〒102-0075　東京都千代田区三番町8-1　三番町東急ビル6F
email: info@takeshobo.co.jp
http://www.takeshobo.co.jp
印刷・製本………………………………………………………中央精版印刷株式会社